통(通) 환원운동사
History of the Restoration Movement

통(通) 환원운동사
History of the Restoration Movement

초판 1쇄 발행 2023년 11월 29일

지은이	전인수
펴낸이	김낙운

펴낸곳	도서출판 서비
출판등록	제25100-2016-000007호
주소	서울특별시 강남구 언주로 136길 31, 401호
전화	02-790-2212
팩스	02-790-2213
전자우편	sb-books@naver.com

ISBN 979-11-957878-3-8(03230)

책값은 뒤표지에 있습니다. 잘못된 책은 바꾸어드립니다.

History of the Restoration Movement
통(通) 환원운동사

전 인 수

머리말

이 책은 강서대학교 신학과 학생을 대상으로 10년 동안 가르쳤던 '환원운동사' 수업 자료를 체계적으로 정리한 것이다. 강서대학교는 환원운동을 그 신학적 배경으로 하고 있다. 환원운동은 초대교회로 돌아가 모든 그리스도인이 하나 되는 것을 목표로 하는 교회개혁운동이다. 19세기 초 미국에서 발생하여 한국에는 1920-30년대 들어왔다. 환원운동사라는 교과목은 우리 대학의 신학적 토대가 되는 환원운동의 역사와 신학을 소개하고, 환원운동의 정체성을 심어주는 것을 목표로 한다. 마찬가지로 이 책을 접하는 신학생, 한국교회 목회자, 일반 독자들이 환원운동의 역사를 꿰뚫어서 통(通)할 수 있기를 기대한다.

이 책은 환원운동의 정의를 시작으로 환원운동이 언제, 어떻게, 누구에 의해서 발생했는지, 그리고 이 환원운동이 한국에는 어떻게 전해지고 발전해 갔는지를 소개하고, 바람직한 환원운동의 미래를 설계하기 위해 어떤 과제를 극복해야 하는지 순서대로 서술하였다. 이 책을 읽어가다 보면 환원운동사에 대한 미국과 한국의 개괄적인 흐름과 미래의 바람직한 방향까지 파악할 수 있을 것이다. 환원신학에는 한국교회를 살릴 수 있는 많은 자원이 내장되어 있다. 그러나 이 자원이 그리스도를 우리의 삶에 더 생생하게 살아있게 하기보다는 우리의 진리를 사수한다는 명분 아래 공동체의 문을 더 굳게 걸어 잠근 것이 아닌가 하는 반성을 하게 된다. 환원운동이 19세기 미국 교회에 생명력을 주었던 것처럼 한국교회를 살리는 자양분이 되었으면 한다. 이 책이 그런 작은 물꼬를 틀 수 있기를 기대한다.

이 책의 출판에 대해 가장 감사를 드려야 할 대상은 역시 지난 10년간 환원운동사 수업에서 만나 학생들이다. 나는 그들과 함께 초대교회의 회복과 그리스도인의 하나 됨을 고민했다. 그들은 내가 공부하는 이유이고, 이 책을 쓴 목적이다. 다음으로 감사를 드릴 대상은 성산동교회 이준 목사님을 비롯한 한국 그리스도의교회 목회자들이다. 그들이 목회하는 이유는 예수 그리스도의 은혜 때문이다. 이 책이 척박한 환경 속에서도 환원운동에 대한 꿈을 버리지 않고 오늘도 묵묵히 헌신하고 있는 그리스도의교회 사역자들에게 하나의 안내 책자이자 지도가 되기를 바란다. 세 번째로 이 책을 통해 감사하고 싶은 대상은 늘 신학적 동지로서 함께 해준 동료들이다. 갈수록 어려워지는 신학과

제2장

교회사 속의 여러 환원운동　　　31

신약교회는 모든 교회의 본향
종교개혁과 환원운동
환원운동의 유럽 및 미국적 배경
부흥운동과 환원운동

제3장

미국 환원운동의 선구자　　　45

엘리아스 스미스
애브너 존스
제임스 오켈리
그리스도인연결(Christian Connection)

제4장

발톤 스톤　　　55

데이비드 콜드웰 아카데미에서 회심하다
발톤 스톤과 케인릿지 집회
그리스도인교회 운동
발톤스톤과 환원운동

제5장
토마스 캠벨　　　　　　　　　　　71

아일랜드에서 분리교회의 연합을 위해 노력하다
미국에서의 환원운동: 선언과 제언
교회일치와 성서 이해
환원운동의 설계자

제6장
알렉산더 캠벨　　　　　　　　　　89

미국에서 아버지와 재회하다
침례교회에서의 알렉산더 캠벨
여러 논쟁에 뛰어들다
환원운동의 건축가

제7장
월터 스캇　　　　　　　　　　　　107

'황금 말씀'을 전하는 자
'다섯 손가락' 전도

제8장
스톤-캠벨의 연합　　　　　　　　　117

발톤 스톤과 알렉산더 캠벨의 차이점
스톤-캠벨의 합류
연합 이후의 활동

제9장

남북전쟁과 스톤-캠벨운동　　　　129

남북전쟁과 미국교회의 분열
노예제 문제와 스톤-캠벨운동
남북전쟁과 스톤-캠벨운동의 분열

제10장

20세기 그리스도의교회 성장과 발전　　　　157

환원의 정체성을 강조하는 교회 형성(1930년대까지)
미국 사회의 주류로 들어가는 교회(1960년대까지)
보수와 진보, 그리고 새로운 변화

제11장

스톤-캠벨운동의 다른 지류　　　　171

그리스도의제자들(Disciples of Christ)
그리스도인교회(Christian Churches)

제12장

한국 그리스도의교회   189

해방 전 그리스도의교회의 시작과 발전
해방 후 그리스도의교회의 재건과 발전
한국 그리스도의교회의 선교적 과제

제13장

한국 환원운동의 미래와 전망   219

신약교회로의 환원을 다시 생각한다
모든 그리스도인의 하나 됨
복음 전도

부록

동석기 전도자의 선교편지 : 추수지 한국   247

참고문헌

276

1

History of the Restoration Movement

환원운동과
그리스도의교회

환원운동이란 무엇인가
환원운동의 성서적 근거는 무엇인가
환원운동과 종교개혁은 어떻게 같고 다른가
초대교회를 회복할 수 있는 설계도가 있는가
그렇다면 왜 환원하려고 하였는가
환원운동은 스톤-캠벨운동과 같은 의미인가
환원운동으로 어떤 교회가 생겼는가
그리스도의교회? 그리스도의교회들?
그리스도의교회의 정치 형태

환원운동이란 무엇인가

원형(original)은 중요하다. 그러나 역사 안에서 교회의 원형이 왜곡(distortion)되었다. 미켈란젤로의 '천지창조' 그림이 복원되지 않았다면 어떠할까? 세월의 흔적을 그대로 간직한 그림이었다면 전체가 눈에 확 들어오지 않았을 것이다. 시간이 지나면서 그림은 원형을 잃어버리고 희미해진다. 반면 복원된 그림은 원형에 훨씬 가까우며 보는 이의 눈을 즐겁게 한다. 선명한 이미지를 전달하기 때문이다. 환원운동(restoration movement)은 그림을 복원하는 것과 비슷하다. 곧 역사 속에서 본질과 원형을 잃어버린 교회를 다시 회복시키는 것이다.[1]

그런데 환원을 복원으로만 설명하면 그 의미 전달이 부족하다. 생명력이 제대로 느껴지지 않기 때문이다. 환원은 교회의 생명력을 되찾는 일이다. 교회는 생명체다. 예수가 우리의 주님이시오, 구세주라고 고백하는 이들이 모여, 하나님을 예배하는 공동체가 교회다. 그런데 교회는 처음 예수께서 말씀하신 가르침과 실천사항을 갖고 있었다. 이 교회가 바로 신약성서가 말하는 교회이다. 그런데 이 교회는 세상 속에서 자기를 구현하고 발전해 가면서 때로는 타협하고 때로는 세속에

---

[1] 제1장은 전인수, "환원운동과 그리스도의교회," 「케이씨대학교 교수논문집」(2018. 11), 120-152를 주로 참고하였다.

1 장

물들었다. 건강한 교회가 점차 병든 교회가 되었다. 우리는 병자의 모습에서 이전의 건강한 모습을 찾아보기 힘들다. 건강을 되찾을 때 생명의 활력과 생기가 있다. 그래서 환원은 회복을 의미한다. 곧 병든 교회에 생명력을 부여하여 회복시키는 것이다. 그래서 환원 전 교회(pre restoration church)와 환원 후 교회(post restoration church)는 그만큼 다르다. 우리는 환원운동을 통해 역사 속에서 잃어버린 초대교회의 '신앙과 실천'을 회복할 수 있다. 동시에 교회의 본질에 더 가깝게 접근하여 훨씬 분명한 성서적 교회에 접근할 수 있다. 곧 지금보다 훨씬 건강한 교회를 회복할 수 있다.

환원운동의 성서적 근거는 무엇인가

그리스도인의 일치에 대한 환원운동의 핵심적 근거는 요한복음 17장 11절 "우리와 같이 그들도 하나가 되게 하옵소서"와 요한복음 17장 22~23절 "우리가 하나 된 것 같이 그들도 하나게 되게 하려 함이니이다. … 그들로 온전함을 이루어 하나가 되게 하려 함은 아버지께서 나를 보내신 것과 또 나를 사랑하심 같이 그들도 사랑하신 것을 세상으로 알게 하려 함이로소이다" 이다. 요한복음 17장은 예수가 잡히기 전 드린 마지막 기도이다. 예수는 겟세마네 동산에 올라가기 전에 이 기도를 드렸다. 일반적으로 요한복음 13부터 17장까지를 고별설교(farewell address)라고 부른다. 예수는 유월절 식사 후 제자들의 발을 씻겼다. 그리고 유다의 배신, 성령의 오심, 포도나무와 가지의 비유, 세상이 제자들을 싫어할 것 등을 이야기하신 후 요한복음 17장의 기도를 드렸다. 곧 이 기도는 제자들을 홀로 남겨두고 떠나는 예수의 마음이 담겼다. 이 땅에서 제자들과 3년 동안의 시간을 보낸 후 떠나는 예수의 마음은 어떠했을까? 그는 하나님께서 제자들을 강력히 돌보아주시기를 기도했다. 저들이 더는 분열되지 않기를 소망했다. 제자 유다는 이 대열에서 이탈했지만 남겨진 이들은 하나 되기를 원했다. 이 소망은 제자들을 넘어 복음을 믿는 모든 자를 위한 기도로 확장되었다. 제자들이 하나 되어 예수 안에 남아있을 때 세상에서 승리할 수 있다고 본 것이다. 이 기도는 마지막 순간에 사이가 좋지 않은 형제들에게 더이상 싸우지 말라고 간곡히 부탁하는 부모의 유언과 흡사하다.

예수는 하나님과 자신이 하나 됨과 같이 제자들이 하나 되기를 기도하셨다. 예수께서 아버지 안에 계시고, 아버지가 예수 안에 계시듯이 그들은 하나님과 예수 안에서 하나 되어야 한다. 가지가 포도나무 줄기에 붙어 있듯이 그들은 예수 안에 하나 된 모습으로 붙어 있어야 한다. 이것이 세상을 떠나는 예수의 바람이었다. 제자들의 하나 됨은 세상에 예수를 보여주는 강력한 증거였다. 이 하나 됨은 하나님의 사랑을 드러내는 신호였다. 환원운동가들은 모든 그리스도인이 예수 안에서 하나 되어야 한다는 이 기도가 이제는 실현되어야 한다는 강한 역사적 소명의식을 느꼈다. 19세기 미국적 상황에서 환원

1 장

운동가들이 외친 일치에 대한 호소는 "변증적이며, 복음전도의 능력" 및 "복음전도의 비전"과 연결되어 있었다.[2] 곧 세계가 믿도록 하는 전도가 궁극적인 목적이었으며, 이를 이루는 수단이 기독교인의 하나 됨과 신약교회로의 환원이었던 것이다.[3] 환원운동은 교회의 일치와 회복이 예수의 재림 때나 이루어지는 것이 아니라 이 땅에서 이룰 수 있는 소망으로 믿고 최선의 노력을 기울이는 운동이다. 전쟁이 인류역사상 그치지 않겠지만 이것이 옳지 않기 때문에 전쟁 종식을 위해 최선의 노력을 다하는 사람들처럼 말이다.

환원운동과 종교개혁은 어떻게 같고 다른가

환원운동은 종교개혁과 많은 부분에서 같다. 특히 성서를 '신앙과 실천'의 유일한 권위로 내세우며 성서로 돌아가자는 가르침은 종교개혁의 원리다. 환원운동가들은 성서가 표준이며 모든 기독교 신앙과 실천에 있어 최고 권위를 갖는다고 보았다. 또한 성경의 진리를 찾는 것은 다른 누군가가 아닌 신자 개인의 자유이며,[4] 성서가 교회의 전통(traditions)보다 궁극적인 권위를 갖는다고 여겼다.[5] 그들은 자신들의 사명이

---

2) Carisse Mickey Berryhill, "Belief, union and mission: the use of John's Gospel by early restoration movement leaders," *Evangelicalism & the Stone-Campbell Movement II* (Abilene: ACU Press, 2006), 102.
3) W. Dennis H. Jr. 외, *Renewal for mission: A concise history of Christian Churches and Churches of Christ* (Abilene: ACU Press, 2009), 119, 143.
4) C. Leonard Allen and Richard T. Hughes, 『환원운동의 뿌리』 백종구·서요한 역(서울: 쿰란출판사, 2010), 서문.

종교개혁을 완성하는 일이라고 생각했다. 그래서 환원운동가의 대표적인 인물인 알렉산더 캠벨(Alexander Campbell, 1788-1866)과 그의 추종자들은 당시 개혁자들(reformers)로 불렸다. 이 용어는 좋은 의미와 나쁜 의미를 다 같이 갖고 있었지만 그들의 지향점이 어디였는지 분명하게 보여준다. 그들은 '19세기'의 종교개혁자들이었다.

그런데 환원운동은 흔히 이야기되는 개혁운동과 모든 면에서 같지는 않다. 종교개혁자들은 오직 성서라는 슬로건으로 중세의 부패한 교회를 성서적 교회로 바꾸려고 하였다. 특히 츠빙글리나 칼뱅, 청교도와 같은 개혁주의자들은 교회 안에서 비성서적인 요소들을 제거하고 성서가 말하는 교회를 만들려고 노력하였다. 이 점에서 종교개혁은 일종의 환원운동이다. 그러나 환원운동은 성서에서 말하는 것만이 교회의 본래이고 본질적인 모습이라고 보기 때문에 역사 속에서 새롭게 생기는 전통(예배의식, 신앙고백, 교리, 문화적 관습 등)에 대해 종교개혁보다 훨씬 비판적이다. 곧 허물어진 교회를 새롭게 세우고 원형을 회복하는 것이 환원운동이라면, 일부 개혁운동은 필요하다면 전통을 유지할 수 있다는 입장이다. 예를 들면 역사 속에서 발생한 유아세례에 대해 환원운동가들은 이를 성서에서 발견할 수 없다며 거부하고 침례를 회복한다. 반면 종교개혁자들은 유아세례가 성서적 근거가 부족하더라도 목

---

5) Gary Holloway and Douglas A. Foster, 『하나님의 백성을 새롭게: '그리스도의교회들'의 역사』 백종구 역(서울: 쿰란출판사, 2011), 16.

1 장

회적 차원에서 필요하다고 본다. 성만찬에 대해서도 같은 이야기를 할 수 있다. 종교개혁 이후 개신교회 안에는 만찬이 주변부로 밀려나 버렸다. 한 달에 한 번이나 일 년에 네 번 하는 경우가 대부분이다. 그렇지만 환원운동은 매주 만찬을 예배의 본질적인 요소라고 주장한다. 환원운동은 역사 속에서 새롭게 형성된 전통을 교회에 필수 불가결한 요소라고 보기보다는 교회에 덧씌워진 첨가물로 여기는 경향이 강하다. 환원운동은 오직 신약성서에서 발견되는 교회만을 회복하려고 한다. "1세기 교회의 원리와 가르침으로 돌아가야 한다고 지속해서 요청했던 초기 환원운동 지도자들의 목표가 바로 그것이었다." [6] 그래서 환원운동은 철저한 신약교회 회복운동이다. 그렇다면 교회개혁운동 중에서 가장 성서 중심적인 개혁운동이다.

초대교회를 회복할 수 있는 설계도가 있는가

한국 문화재 복원역사에서 최악의 복원으로 꼽히는 사례가 봉정사 극락전이라고 한다. 봉정사 극락전은 고려시대의 건물로 우리나라에 남아있는 목조 건축물 중 가장 오래된 것으로 그 가치가 높아 국보로 지정되었다. 그런데 이를 1972~1975년 해체 복원할 때 중국 최고(最古)의 목조건물인 산시성 남

---

6) Michael W. Hines, *History of the American Restoration Movement* (Sun City: CreateSpace Independent Publishing Platform, 2016), 12.

환원운동과 그리스도의교회

선사 대전의 모습을 참고하였다. 결과는 최악이었다. 고려시대의 원형도 찾지 못했으며 복원 직전의 모습도 잃어버린 국적 없는 건물이 되고 말았던 것이다. 봉정사 극락전의 원형을 알 수 있는 자료가 없었기 때문이었다.

반면 부용정 복원은 잘된 사례로 평가받고 있다. 부용정은 창덕궁 후원에 있는 정자로서 18세기 초의 건축물이다. 이 건물은 2012년 지붕 꼭짓점에 절병통(추녀의 들림을 방지하는 항아리 모양의 장식물)이 복원되었다. 왜냐하면 부용정의 원래 모습을 알 수 있는 그림에 절병통이 있었기 때문이다. 복원에 참고가 된 그림은 바로 동궐도였다. 동궐도는 조선 후기 궁궐 전경의 조감도이다. 동궐도는 부용정 복원의 설계도와 같은 역할을 했던 것이다.

기독교회, 즉 개신교회는 여러 교회·교파·종파로 분열되어 있지만 신약성서가 우리 신앙의 유일한 기초라는 데에 모두 동의하고 있다. 이는 성서만이 기독교 신앙의 절대 표준이요, 성서를 벗어난 신앙은 교회에 설 자리가 없다는 뜻이다. 이 성서 중심주의는 환원운동가들에게도 큰 영향을 미쳤다. 그들은 신약교회를 회복하는 것이 가능하다고 생각했다. 왜냐하면 신약교회를 회복할 수 있는 설계도가 있다고 보았기 때문이다. 곧 사도행전과 그 뒤의 서신서에 초대교회의 모습이 잘 드러난다는 것이다. 이 신약성서를 토대로 교회를 회복하면 초대교회로 돌아갈 수 있다고 보았다.

1 장

그렇다면 왜 환원하려고 하였는가

역사적으로 환원운동은 18세기 말과 19세기 초엽에 미국에서 발생하였다. '그리스도의교회'(Churches of Christ)를 태동시켰던 삼인방은 발톤 스톤(Barton W. Stone, 1772-1844), 토마스 캠벨(Thomas Campbell, 1763-1854), 알렉산더 캠벨이다. 발톤 스톤은 미국에서 태어났다. 토마스 캠벨과 알렉산더 캠벨은 부자(父子) 관계로서 아일랜드 이민자였다. 발톤 스톤과 캠벨 부자는 본래 아는 사이가 아니었으며 환원운동도 각자 일으켰다. 그런데 이들의 문제의식은 같았다. 그들은 북아메리카에서 벌어지고 있던 교회의 분열에 개탄하였다.

발톤 스톤   토마스 캠벨   알렉산더 캠벨

당시 미국은 영국에서 독립한 신생국으로서 민주화, 자유, 개인주의를 강조하고 기존의 전통을 재해석하려는 분위기가 팽배했다. 동시에 미국교회는 유럽에서 전파된 다양한 교파,

그리고 미국에서 새롭게 생겨난 교파들이 난립하여 갈등이 지속해서 증폭되고 있었다. 환원운동 삼인방은 이러한 교파적 분열을 매우 안타까워하였다. 그들은 요한복음 17장 11절 "우리와 같이 그들도 하나가 되게 하옵소서"라는 예수의 기도가 이 땅에 실현되어야 한다는 강한 역사적 소명감을 느꼈다. 그들은 교파 및 교파주의는 예수의 뜻이 아니므로, 이 교파주의에서 벗어나 그리스도인들이 하나가 되어야 한다고 믿었다. 그들은 교파분열을 치유할 수 있는 길은 오직 신약성서가 말하는 교회로 돌아가는 것으로 생각했다. 곧 모든 교회가 자신이 속한 교파를 떠나 신약성서의 가르침으로 돌아간다면 하나가 될 수 있다고 본 것이다. 이러한 일치는 하나님의 말씀에 대한 수용과 순종의 결과로만 가능하다. 이 때문에 '그리스도의교회'는 교파주의를 비판하며, 자신을 장로교인이나 감리교인과 같은 교파의 이름으로 부르지 말고 "오직 그리스도인"(Christian Only)으로 부르자고 호소하는 것이다. 그래서 환원운동은 크게 세 가지 지향점을 가지고 있다. 하나는 성서적 교회의 회복이다. 다른 하나는 모든 그리스도인의 일치이다. 셋째는 이를 통해 지역을 복음화하고 세계를 선교하는 것이다(요 17:21). 곧 환원운동은 세계를 복음화 시키는 전도가 궁극적인 목적이었으며, 이를 이루는 수단이 그리스도의 몸의 일치와 신약성서 기독교로의 환원이었던 것이다. 그렇다면 환원운동의 세 가지 지향점을 ① 신약교회로의 환원 → ② 모든 그리스도인의 하나 됨 → ③ 복음전도로 볼 수 있다.

1 장

환원운동은 스톤-캠벨운동과 같은 의미인가

'그리스도의교회'는 신약교회로 돌아간다는 환원운동 정신을 계승하고 있다. 그런데 이 환원운동을 스톤-캠벨운동이라고도 부른다. 이는 역사적 용어다. 미국 교회사에서 스톤-캠벨운동은 '그리스도의교회'에서 벌이는 환원운동을 가리키는 역사적 용어로 정착되었다. 환원운동을 '스톤-캠벨운동'이라고 부르는 이유는 스톤과 캠벨 부자가 이 운동을 시작하였으며 결국 1832년 이 두 그룹이 연합하여 '그리스도의교회'를 형성했기 때문이다. 곧 스톤-캠벨운동의 명칭은 이 운동의 두 그룹 지도자의 이름을 딴 것이다.

그렇다면 환원운동과 스톤-캠벨운동은 같은 뜻일까? 신약교회를 회복하려 한다는 점에서 공통점이 있다. 반면 이 두 용어는 같은 의미로 사용할 수 없다. 왜냐하면 역사 속에는 다양한 환원운동이 있었기 때문이다. 교회사에서 초대교회는 늘 교회개혁의 모범이었고, 초대교회를 이상적인 교회로 생각해 왔으며, 이 교회로 돌아가려는 시도는 지속적으로 일어났다. 또 앞으로도 계속될 것이다. 환원운동은 이처럼 초대교회로 돌아가려는 운동을 총칭하는 단어다. 반면 스톤-캠벨운동은 '그리스도의교회'가 벌이는 환원운동을 지칭한다. '그리스도의교회'는 다른 환원운동과 차별성이 있다. 그것은 신약교회로 돌아가 하나 된 교회를 꿈꾸었다는 점이다. 환원운동을 통해 참교회를 회복하려는 시도는 많이 있었지만 하나 된 교회를

환원운동과 그리스도의교회

목표로 움직인 교회는 '그리스도의교회'가 유일하지 않을까 한다. 곧 스톤-캠벨운동은 19세기 초부터 미국에서 '이런' 환원운동을 벌였던 이들에 대한 역사적 용어인 것이다.

환원운동으로 어떤 교회가 생겼는가

이 환원운동의 결과 생겨난 교회가 '그리스도의교회'(Churches of Christ)이다. 이 그리스도의교회는 교회사에서 일반적으로 사용하는 기독교회가 아니라 환원운동을 하는 교회를 가리킨다. 미국에는 지금 환원운동에서 발생한 세 지류의 교회가 있다. '그리스도의교회,' '그리스도인교회'(Christian Churches), '그리스도의제자들'(Disciples of Christ)이 그것이다. '그리스도의제자들'은 환원운동을 지향하는 교회 중에서 '일치'에 강조점을 두면서 가장 개방적이고 진보적인 입장을 취한다. 그래서 미국 기독교교회협의회(NCC)나 세계교회협의회(WCC)와 같은 에큐메니컬 운동에 적극적으로 참여하고 있다. 반면 '그리스도인교회'는 환원운동의 중도 그룹이다. 이 그룹은 본래 '그리스도의제자들'과 하나였으나 이들의 진보적인 성향에 거리를 두면서 결과적으로 서로 갈라졌다. '그리스도의교회'는 환원운동 지류 중 가장 보수적인 교회이다. 이 교회는 '일치'보다는 신약교회로의 '환원'에 더 가중치를 두고 있다. '그리스도의제자들'은 한국에 선교하지 않았다. '그리스도인교회'와 '그

1 장

리스도의교회'는 한국에 뿌리를 내렸는데 모두 '그리스도의교회'라 불린다. 다만 두 교회를 세분화할 경우 전자는 예배 때 악기를 사용한다는 의미에서 그리스도의교회(유악기), 후자는 아카펠라 찬양을 한다는 의미에서 그리스도의교회(무악기) 혹은 그리스도의교회(아카펠라)라고 부른다. 한국에서 '그리스도의교회'는 1930년 11월 동석기(董錫琪, 1881-1971)가 함경남도 북청에서 시작하였다. 그리고 바로 뒤이어 강명석(姜明錫, 1900- 1941)이 울산과 서울 등지에 교회를 세워나갔다. 그리스도의교회 교육기관으로는 강서대학교(1958)와 등촌중학교가 있다.

그리스도의교회? 그리스도의교회들?

앞에서도 언급했다시피 환원운동으로 파생된 세 교회는 그리스도의교회, 그리스도인교회, 그리스도의제자들이다. 그리스도의교회는 영어로 Churches of Christ라고 한다. 그리스도인교회의 공식 명칭은 Christian Churches and Churches of Christ이다. 그리스도의제자들의 공식 명칭은 Christian Church(Disciples of Christ)이다. Churches of Christ, Christian Churches, Disciples of Christ라는 명칭은 환원운동이 진행되는 과정 중에서 개교회가 사용한 교회 이름에서 유래하였다. 여기서 주목되는 점은 Christian Churches나 Churches of Christ는 교회 이름이 복수인 반면 제자들교회는 Christian

Church로 단수를 사용하고 있다는 점이다. 본래 환원운동은 교파에 속한 사람이 아닌 그리스도인이 되자는 운동이었다. 그래서 환원운동을 지향하는 교회는 자신들을 하나의 교파라고 생각하지 않는다. 이 때문에 Christian Churches와 Churches of Christ는 개교회의 모임일 뿐이지 개교회를 관할할 수 있는 총회, 연회와 같은 상위 기관이 존재하지 않는다. 곧 그리스도인교회나 그리스도의교회는 지역교회의 자율성을 인정하고 개교회에 간섭하지 않는 회중교회의 정치 형태를 취하고 있다. 또한 교회 전체를 지칭할 때 복수를 사용하는 이유는 이 교회가 교단이 아니며 여러 개교회의 모임이라는 것을 명시적으로 보여주려는 것이다. 개교회를 지칭할 때는 Church of Christ라고 단수로 쓰지만 교회를 총칭하거나 여러 교회의 연합모임일 경우 보통 Churches of Christ라고 복수로 쓴다. 예를 들면 한국 그리스도의교회는 Korea Churches of Christ 혹은 Churches of Christ in Korea라고 한다. 2014년 처음 시작하여 2회까지 개최되었던 '전국그리스도인대회'는 National Christian Meeting이나 Korea Christian Meeting이라고 하면 될 것이다. 대회를 지칭할 때 사용하는 Convention이 있지만 그리스도인대회는 누군가를 선출하거나 의사결정을 하지 않기 때문에 부적절하다고 생각된다. 한국어의 경우 복수와 단수 구분이 불분명하므로 "그리스도의 모든 교회가 여러분에게 문안합니다." (All the churches of Christ send greetings, 롬 16:16)처럼 단수와 복수를 세밀하게 구분할 필요

1장

는 없다고 생각된다. 그러나 그리스도의제자들은 1968년 재구성(restructure)을 통해 교회 이름을 Christian Churches(Disciples of Christ)에서 Christian Church(Disciples of Christ)라고 단수로 하였다. 이는 느슨한 개교회의 연합이 아니라 지휘부를 갖는 하나의 단일 교회, 즉 교단화하겠다는 의지를 분명하게 표현한 것이다.[7] 반면 그리스도의제자들(Disciples of Christ)이라는 용어는 그 교회에 속한 회중(신도)을 의미한다.

그리스도의교회의 정치 형태

그리스도의교회는 개교회의 자치를 매우 중시한다. 개교회는 완전한 교회의 축소형이며 특정 지역에 있는 전체 교회의 한 형태이다. 지역교회는 그 교회 자체로 완전하며 다른 상부 조직의 간섭이나 통제를 받지 않는다. 교회에 문제가 있다면 지역교회 내에서 해결하고 한 교회 이상 영향을 미치는 문제라면 각 교회의 대표가 모여 서로 협의한다. 그러나 그 결정을 수용할지는 개교회 교인들이 결정한다. 한국의 경우 '교역자협의회'라는 모임이 있는데 이는 장로교회의 총회처럼 상위 기관이 아니며 하나의 협의체이다. 교역자협의회에서 결정된 사항이라도 그 수용 여부는 개교회가 결정한다.

기독교회 안에 여러 교회 정치 제도가 있지만 성서가 제시

---

7) Michael W. Hines, *History of the American Restoration Movement*, 242.

하는 에클레시아를 가장 잘 간직한 교회의 형식이 있다.8) 곧 그리스도의교회는 에클레시아를 현실화할 수 있는, 몸에 맞는 옷으로 회중교회를 취한다. 또 그리스도의교회는 성서가 말하는 교회의 직제와 직임이 있다고 믿고 있는데, 그것이 회중교회의 형태에 가장 근접해 있다고 본다. 역사적으로는 당시 미국적 분위기, 즉 자유적이고 민주적인 환경이 이런 교회관 수용에 영향을 미쳤다.

회중교회란 이름은 각 개교회가 완전한 권위를 가지기 때문에 붙여진 이름이다. 회중교회는 각 회중이 예수 그리스도의 주권에 헌신하는 남녀로 구성되며 회중의 투표를 통하여 그들 가운데 섬기고 다스릴 자를 선출한다. 이는 지역교회들을 다스리는 감독제로 움직이는 성공회와 대조적이다. 회중교회는 예배만이 아니라 교회의 정치도 개혁이 필요하다고 생각하였던 것이다.9) 회중교회는 장로교인들과 달리 외부 집단이 지역교회에 권한을 행사해서는 안 된다고 보았다. 따라서 모든 회중은 저마다 독립적이다. 모든 교인이 참석할 권리가 주어져 있는 교회 회의는 최고의 세속적인 권위인데, 교회 자신의 목회자와 집사를 뽑을 책임이 있었다. 비록 각각의 회중은 자기의 내부 일들을 처리했지만, 교회들은 보통 협의회라고 불리는 더 큰 집단들로 무리를 지었는데, 이는 상호 지원과 공동의 사명을 수행하기 위해서였다.10)

---

8) Everett Ferguson, 『성서적 교회론: 그리스도의교회』 기준서 역(서울: 환원역사연구소, 2010), 471.
9) 서춘웅, 『미국 교회에는 어떤 교단이 있는가?』(용인: 킹덤북스, 2021), 342.
10) D. W. Bebbington, 『복음주의 전성기』 채천석 역(서울: CLC, 2012), 77.

1 장

그리스도의교회는 만인사제주의를 존중한다. 평신도와 교역자의 구분을 이론적으로 전혀 두지 않는다. 목회자가 되기 위해서 전문적인 신학교육을 받거나 목사 안수를 받을 필요는 없다. 평신도도 한 교회의 담임 사역자가 될 수 있다. 담임 사역자는 교회를 책임지지만 설교나 성례전 집행을 독점하지 않는다. 평신도도 이론적으로 설교뿐만 아니라 세례와 같은 성례전 집행이 가능하다. 물론 한국 그리스도의교회의 실제 상황을 이야기한다면 목회자가 되기 위해 학부 과정이나 대학원 과정에서 신학을 공부할 것을 권면하고 있으며, 대부분 그렇게 하고 있다. 다만 담임 사역자 중에는 목사 안수를 받지 않은 이들인 전도자들(evangelists)과 안수를 받은 목사들이 혼재되어 있다. 또 일반적으로는 담임 사역자가 설교와 성례를 책임진다. 그리스도의교회에 목사 안수 제도가 생긴 이유는 목사 중심인 한국교회의 특수한 상황을 수용하여 복음 전파를 수월하게 하려는 조치로서 하나의 방편이다.

교회가 조직화 되고 제도화되는 것은 하나의 공동체가 정착되고 안정화되는 과정에서 필연적인 과정일 것이다. 그러나 그 제도는 늘 초기 공동체의 이상에 비추어서 재성찰 되고 때로는 비판받아야 한다. 그런 의미에서 성서가 증언하는 에클레시아와 오늘날 제도적 교회의 모습이 과연 일치하는지는 늘 고민이 필요하다. 교회 안에 확립된 전통은 늘 기독교의 근본정신과 일치하는지에 대해 비판적 성찰을 거쳐야 한다는 것이다. 전통으로 확립되었다고 해서 권위를 얻는 것은 최소한 그리스도의교회 방식은 아니다.

2

History of the Restoration Movement

교회사 속의
여러 환원운동

신약교회는 모든 교회의 본향
종교개혁과 환원운동
환원운동의 유럽 및 미국적 배경
부흥운동과 환원운동

교회사 속의 여러 환원운동

신약교회는 모든 교회의 본향

리처드 할러웨이(Richard Holloway)는 『세계종교의 역사』 (*A Little History of Religion*, 2016)에서 모든 종교는 초기 시대를 그리워한다고 말한다.

마치 처음 사랑했을 때의 열정이 퇴색하고 함께 사는 것이 지겨워진 부부가 자기도 모르게 사랑의 감정이 넘치던 시대를 갈망하며 되돌아보는 것과 비슷하다. 모든 종교가 최초의 불타는 사랑을 다시 일깨우기 위해 초기 시대를 되돌아보는 데 많은 시간을 쓰는 이유가 바로 여기에 있다.[11]

즉 기존 종교에서 독립하여 새로운 종교로 발전한 종교는 언제나 갈망과 후회의 감정을 가지고 초기 시대를 되돌아본다는 것이다. 기독교사 2천 년 동안에도 신약교회는 늘 개혁과 갱신을 위한 모델이 되었다.

교회사의 모든 시대마다 기독교 공동체는 참된 교회의 이상형으로, 개혁과 갱신을 위한 모델로 원시교회(primitive church) 즉 신약교회를 주목하였다. 초대교회의 수도원운동은 예수운동의 청빈과 가난을 추구했는데 "온전하고자 할진대 가서 네 소유를 팔아 가난한 자들에게 주라. 그리하면 하늘에

---

[11] Richard Holloway, 『세계종교의 역사』 이용주 역(서울: 소소의책, 2018), 97.

2 장

서 보화가 네게 있으리라. 그리고 와서 나를 따르라." (마 19:21)는 예수의 권고가 수도원운동의 추동력이었다. 수도원운동은 당시 교회가 넓은 길로 가고 있다고 생각하고 좁은 길을 갔던 예수를 따라가려고 했던 개혁운동이었다. 한편으로는 신약교회의 이상이 수도원운동에 영향을 미쳐 중세교회를 변화시켜가는 원동력이 되기도 하였다. 유명한 수도회로는 프란체스코회와 도미니쿠스회, 예수회 등이 있다.

중세 초부터 가톨릭교회를 비판했던 이들은 신약교회를 근거로 가톨릭교회가 교회의 이상적인 모습인 청빈과 단순함에서 벗어났다고 주장하였다. 그중 왈도(Peter Waldo, 약 1140-1218)는 위에서 언급한 부자 청년 이야기에 자극받아 모든 재산을 이웃들에게 나누어 주었다. 그는 가난을 추구하는 삶을 수도사만이 아닌 모든 기독교인이 지켜야 한다고 보았다. 왈도파는 자신들을 '마음이 가난한 사람'이라고 불렀다. 교황은 왈도가 주교의 허락을 받고 설교해야 한다는 명령을 거부하자 1184년 파문하였다. 왈도파의 개혁을 지지하는 자들에게 왈도파는 "종교개혁 이전의 개혁가"로 불린다.

신약교회를 회복하고자 하는 열정은 종교개혁자들에게 더 강하게 나타났다. 그들은 신약교회를 개혁을 위한 근본적인 기준으로 삼았다. 알렌(C. L. Allen)과 휴즈(Richard T. Hughes)가 공저한 『환원운동의 뿌리』에 의하면 16세기 종교개혁과 그 이후 일어난 개신교의 많은 운동은 사실 원시교회를 회복하려고 했던 운동이었다.[12] 루터는 사도들이 증언했

교회사 속의 여러 환원운동

던 은혜의 복음을 회복하려고 했다. 츠빙글리나 칼뱅도 신약 성경을 토대로 교회의 구조와 형식을 바꾸려 했다. 재세례파는 사도들의 삶의 방식을 회복하려고 했다. 이후 등장하는 웨슬리의 감리교회는 초대교회 신자들의 성화된 삶과 성결을 회복하려고 했다. 성결교회는 감리교회가 주장했던 성결을 다시 한번 강조하면서 성령을 통한 극적인 성화가 가능하다고 보았다. 오순절교회는 초대교회에 임했던 성령의 은사와 능력을 회복하기 원했다. 기독교 정통에서 벗어나 있는 몰몬교회도 환원운동을 주장했다. 몰몬교회는 하나님과 직접적인 교제를 회복해야 한다고 이야기했다. 그래서 그들 교회에는 사도와 예언자가 존재하며 사도시대와 마찬가지로 계시가 지속되고 있다고 본다. 이처럼 개신교회의 많은 교파나 심지어 이단도 초대교회의 특정 모습을 자신이 속한 시대 속에서 강조하거나 이를 회복하려고 하였다. 곧 각 개신교 교파의 강조점은 초대교회라는 전체 모자이크의 한 부분이라고 볼 수 있다.

종교개혁과 환원운동

초대교회로 돌아가려는 움직임은 환원운동을 통해 더욱 구체화 되었다. 초대교회의 신앙과 예배형태로 돌아가려는 교회사적인 움직임을 환원운동이라고 한다. 교회사에서 신약교회를 회복하려고 했던 그 모든 노력은 사실 환원운동의 일환이

---

12) C. Leonard Allen and Richard T. Hughes, 『환원운동의 뿌리』, 165-212.

2 장

다. 그럼에도 오늘날 환원운동하면 초대교회를 회복하여 교회의 일치를 이루려고 했던 19세기 초 미국의 스톤-캠벨운동을 쉽게 연상한다. 스톤-캠벨운동은 오늘날 그리스도의교회의 직접적인 모태가 되었다.

환원운동은 종교개혁으로부터 깊은 영향을 받았다. 혹자는 그리스도의교회가 성서에만 빚을 졌지 언제 종교개혁자에게 빚을 졌냐고 반문할지 모른다. 그러나 모든 역사적 운동은 그 이전의 역사적 흐름 속에서 탄생한 것으로 한 시대의 인물은 과거 거인들의 어깨 위에 서 있을 뿐이다. 곧 그 어떤 운동도 과거의 역사적 흐름과 무관하게 탄생할 수 없다. 대표적인 예를 하나 들어보겠다. 그리스도의교회는 "오직 성서"를 주장한다. 그리고 이 성서가 말하는 신약교회의 신앙과 실천을 회복하려 한다. 이 "오직 성서"라는 강령은 종교개혁자들의 것이다. 여기서 누군가는 되물을지 모르겠다. 신약교회를 회복하려면 당연히 성서로 돌아가야 하는 것이 아니냐고. 과연 그럴까? 문제는 신약교회 시대는 신약성서 27권이 아직 정경으로 확정되지 않았던 때이다. 정경은 397년 카르타고공의회에서 결정되었다. 신약시대의 그리스도인에게 신약성경 27권으로 돌아가자고 주장했다면 모두 눈을 동그랗게 뜨며 "신약성경 27권이 도대체 무엇이냐"고 반문했을 것이다.

신약교회로 돌아가는 방법 또한 생각보다 다양하다. 앞에서 언급한 것처럼 각 교파가 신약교회의 한 모습을 모델로 했다는 점에서 이를 분명히 알 수 있다. 환원을 이야기할 때 어떤

교회사 속의 여러 환원운동

이들은 선지자를 흉내 내어 새로운 계시를 받았다고 주장할 것이며, 어떤 이들은 신약교회에 일어났던 기적과 이사(異事)가 본질이라고 주장할 것이며, 어떤 이들은 하나님과 신비적인 연합을 추구해야 한다고 말할 것이며, 어떤 이들은 신약성서보다 구약성서로 돌아가야 한다고 주장할 것이다.

이 때문에 우리는 환원운동이 종교개혁이라는 교회사의 큰 흐름 속에 있음을 인정해야 한다. 곧 환원운동의 주장, 즉 성서를 '신앙과 실천'의 유일한 권위로 내세우며 성서로 돌아가자는 외침은 종교개혁의 원리를 계승했던 것이다. 환원운동가들은 성서가 표준이며 모든 기독교 신앙과 실천에 있어 최고 권위를 갖는다고 보았다. 또한 성경의 진리를 찾는 것은 다른 누군가가 아닌 신자 개인의 자유이며, 교회의 전통보다 성서가 궁극적인 권위를 갖는다고 여겼다. 그리고 환원운동가들은 자신들의 사명이 그 종교개혁을 완성하는 일이라고 생각했다.

종교개혁을 우파와 좌파로 구분하기도 하는데 우파에는 대표적으로 루터의 루터교회, 츠빙글리·칼뱅의 개혁교회가 있다. 좌파에는 급진적 종교개혁이라고 하는 재세례파가 있다. 특히 우리 그리스도의교회는 개혁교회의 영향을 많이 받았다. 루터는 은혜의 복음에 집중한 반면 개혁교회는 성서의 모범에 따라 교회의 형식까지도 회복하려고 했기 때문이다. 발톤 스톤, 토마스 캠벨, 알렉산더 캠벨은 모두 개혁교회 출신이다. 뉴웰은 발톤 스톤의 신학과 종교적·사회적 실천에서 그의

2 장

장로교적인 영성보다 더 큰 영향력을 미치는 것은 없다고 평가하였다.13) 환원운동의 성서관은 개혁교회의 성서관과 거의 차이가 없다. 특히 성경에 명시되지 않는 것에 대해 '금지'로 본 것은 개혁교회의 유산이다. 악기를 사용하지 말아야 한다는 믿음도 개혁교회와 연관성이 깊다. 루터는 음악과 악기에 상당히 관용적이었고 오히려 적극적으로 활용하였다. 반면 츠빙글리와 칼뱅은 악기 사용을 교회에서 금지하는 매우 보수적 입장을 취했다. 성만찬에 대해서 그리스도의교회는 츠빙글리의 기념설을 취하고 있다. 이 신학적 흐름이 분명 환원운동가들에게도 영향을 미쳤다. 동시에 재세례파의 흐름도 보인다. 직접적인 영향인지는 좀더 숙고해 보아야 하지만 침례에 대한 입장은 침례교, 재세례파의 흐름 안에 있다. 그런데 종교개혁자들보다 '전통'에 대해 훨씬 비판적인 그리스도의교회는 신약교회의 원형이 오직 신약성서에 있다는 '전통'에 서 있다.

환원운동의 유럽 및 미국적 배경

19세기 초 미국에서 발생한 환원운동을 살펴보기 전에 17~18세기 계몽운동에 대해 언급하고 넘어가야 한다. 왜냐하면 스톤-캠벨운동은 성서적 교회의 회복만이 아니라 교회일치에

---

13) Newell Williams, 『바톤 스톤의 영성』 손세훈 역(서울: 그리스도대학교 출판국, 2008). 17. 이 번역서는 발톤 스톤을 '바톤 스톤'으로 표기하였다.

교회사 속의 여러 환원운동

대한 꿈을 꾸었는데, 성서와 교회일치를 연결해 준 이들이 바로 계몽운동가들이었기 때문이다. 이는 환원운동의 유럽적 배경이 될 것이다. 특히 주목되는 인물은 로크(John Locke, 1632-1704)이다. 그는 성서가 개인에게 돌아감으로써 다양한 성서해석이 생기고, 이것이 결국 16세기 후반에서 17세기 후반에 걸친 종교전쟁과 같은 비극을 불러왔다고 보았다. 그는 이를 방지하기 위해서는 일치된 기독교 신앙이 필요하다고 생각했다. 그는 이에 대한 방법론으로 모든 이성적인 사람들이 동의할 수 있는 '본질적'인 요소로 종교를 단순화시켜야 한다고 생각했다. 그는 본질적인 것에는 일치해야 하지만 비본질적인 것에 대해서는 관용할 것을 주장했다. 이처럼 본질적인 것으로 교회를 하나로 만들어야 한다는 생각은 환원운동 삼인방 중 한 명인 토마스 캠벨에게 영향을 미쳤다. 그는 환원사상(청교도의 주장으로서 초대교회의 회복 주장)과 계몽주의(본질적인 것으로 교회를 일치시키고자 했던 이성적인 방법론을 제공)를 결합했다.14)

앞으로 다루게 될 미국의 환원운동가들을 이해하기 위해서는 환원운동의 미국적 배경을 이해할 필요가 있다. 청교도 분리주의자들이 유럽에서 미국으로 건너간 이유는 종교의 자유를 찾아서가 아니라 참 교회를 세우기 위해서였다. 미국에서는 국가교회가 허락되지 않았고, 유럽에서 온 많은 교파가 이

---

14) 계몽주의와 함께 복음주의도 함께 살펴보아야 한다. 왜냐하면 유럽 복음주의의 영향이 초기 캠벨 운동에 매우 중요하다는 견해가 있기 때문이다. James L. Gorman, *Among the early evangelicals: The Transatlantic Origins of the Stone-Campbell Movement* (Abilene: ACU Press, 2017), 209-214.

2 장

식되었기 때문에 하나의 특정 교파가 기독교의 전반적인 분위기를 장악하지 못했다. 미국 교회사의 눈에 띄는 특징은 천년 넘게 유지되고 있던 국교를 자유의 가치 아래 한쪽으로 제쳐놓았다는 것이다. 억압으로부터의 해방을 의미하는 자유(liberty)는 미국 종교에 깊은 영향을 미쳤다.15) 미국은 마치 종교시장을 방불케 하였다. 그래서 미국에서는 새로운 형태의 종교의 자유가 시작되었다.

독립전쟁(1775-1783)을 기점으로 미국 기독교는 유럽과는 구별되는 특징이 강화되었다. 독립전쟁은 미국 기독교에 유럽에서 기원한 전통적 권위, 즉 역사적 교회나 교회 전통에 대한 권위에 의문을 갖게 하는 분위기를 형성하였다. 온건한 스코틀랜드 계몽주의는 전통에 의지하지 않고도 신학과 교회를 재건축할 수 있는 지적인 태도를 제공하였다. 이 때문에 이성적 변증학, 자연신학, 상식이 성서해석과 교회 재구성에 매우 중요해졌다. 과학적 논거(scientific reasoning)는 유럽의 전통을 대체하였다.16) 독립전쟁으로 영국으로부터 독립한 미국은 자유와 민주주의 기풍이 조성되었고 유럽과 구별된 미국의 주체적 신앙을 모색하는 분위기도 무르익었다. 민주적인 사상이 대중의 삶에 큰 영향을 미쳤다. 이는 유럽적인 상식에 의심을 불러일으켰다.17) 오직 성경이라는 원칙은 개인이 성경을 해석할 권리가 있다는 생각으로 발전했다. 물론 성경은 주로

---

15) Mark A. Noll, *The old religion in a new world* (Grand Rapids: Eerdmans, 2002), 70.
16) Mark A. Noll, *The old religion in a new world*, 191-192.
17) Mark A. Noll, *The old religion in a new world*, 58-59.

교회사 속의 여러 환원운동

이성적, 상식적, 합리적으로 해석되었다.
 당시의 분위기를 정리하면 교회나 성직자의 권위로부터의 자유, 평신도 중심의 민주적인 형태 선호, 평신도 출신의 목회자 양성, 전통으로부터 자유로운 성서 읽기, 기독교의 민주화로 인한 다양한 교파의 생성 등이다. 그러나 전통에 대한 권위 부정은 또 다른 엘리트, 즉 대중에게 인기 있는 설교자에게 큰 힘을 실어주었다. 그리고 그들의 성경 해석이 권위를 가졌다. 대중설교가의 등장 때문에 교회의 연합이 감소하고 대중운동과 교파들이 증가했으며, 양적 성장이 진리의 척도가 되는 부정적인 현상도 발생하였다. 미국에서 수많은 교파가 난립하면서 참된 교회가 무엇인지에 대한 질문이 제기되었다.
 『환원운동의 뿌리』는 환원운동과 연관시켜 당시 미국의 분위기를 다음 다섯 가지로 정리한다. ①미국은 유럽과 달리 일종의 오염되지 않은 에덴동산으로서 본래의 기독교를 회복할 수 있는 땅으로 보였다. ②미국이 민주주의를 실현하려는 시도는 하나님이 원하시는 정부 형태를 회복하는 것으로 인식되었고 이는 교회에서도 하나님이 원하시는 형태를 회복해야 한다는 분위기를 만들었다. ③새 에덴 미국은 새 나라와 더불어 새로운 교회를 세워 새천년을 열기에 적합해 보였다. ④미국에서는 유럽 교회로부터 독립하고자 하는 열망과 유럽 기독교가 쌓아놓은 역사와 교리에 대한 비판적 접근으로 인해 곧바로 성경의 원시 신앙으로 돌아가고자 했다. ⑤유럽에서 미국으로 이식된 많은 교회 중 진정한 교회는 무엇인가란

2 장

질문이 제기되었고 이는 많은 이들이 성경이 말하는 교회로 고개를 돌리게 하였다.18) 여기에서 주목되는 점은 유럽에서 건너간 기독교가 미국이라는 새로운 토양을 만나 미국적 상황이나 환경에 적응하고 발전하면서 미국적 사명이 강조되는 등 미국화되었다는 점이다.

이러한 역사적 흐름 속에서 환원운동가들은 성경과 신약교회로 돌아가는 것이 이러한 교파의 난립을 막고 참된 교회를 회복하는 길이라고 믿었다. 그들에게 환원은 더 철저한 교회 개혁을 의미했다. 다시 말해 환원운동에서 성서에 의해 정당화되거나 지지받지 않는 어떤 것이든지 재검토의 대상이 되었다.

부흥운동과 환원운동

18세기 미국은 기독교의 체질 자체가 복음주의로 전환되고 있었다. 조지 휘필드(George Whitefield, 1714-1770)는 청교도주의를 대신해서 복음주의가 발흥하고 있음을 보여주었다.19) 미국인들은 국가가 요구하거나 국가가 제도화한 신앙이 아니라 개인의 자발성에 기초한 신앙을 추구하기 시작하였다. 특히 환원운동이 전개되던 초기에 미국은 제2차 대각성운동 기간이었다. 이 각성운동은 1790년대부터 시작하여 1800년경에

---

18) C. Leonard Allen and Richard T. Hughes, 『환원운동의 뿌리』, 134-135.
19) Mark A. Noll, *The old religion in a new world*, 52.

절정에 이르렀다. 대표적인 지도자들은 감리교 설교자 프란시스 애즈버리(Francis Asbury, 1745-1816)와 찰스 피니(Charles Grandison Finney, 1792-1875)였다. 애즈버리는 복음전도에서 순회전도자 유형을 정착시켰다. 피니는 새로운 방법(new measure)이라고 불리는 집회방식을 사용하여 부흥운동에서 큰 호응을 얻었다. 그는 '열망의 좌석'(anxious bench)을 두어 구원받기를 원하는 자들을 앞 좌석으로 초대했다. 그는 초자연적으로 성령이 개입하는 것에만 의존하지 말고 부흥이 일어나도록 스스로 노력해야 한다고 설교했다. 제2차 대각성운동으로 감리교와 침례교, 그리스도의교회가 크게 성장했다. 반면 회중교회와 장로교회는 부흥했으나 19세기 초보다 상대적으로 후퇴하였다. 1850년 감리교는 미국 최대교파가 되었다. 대각성운동은 복음주의적이며, 개인주의적이고 감정적인 신앙을 고무시켰다. 제1차 대각성 운동이 칼뱅주의로 죄인인 인간은 자기를 구원할 능력이 없다는 점을 강조했다면, 제2차 대각성 운동은 모든 사람이 그리스도에게 나아갈 능력을 부여받았다고 강조했다. 곧 아르미니우스주의의 영향이 컸다. 하나님의 은혜를 마냥 기다리기보다는 개인의 주체성을 강조하는 아르미니우스주의는 칼뱅주의보다 환원운동의 신학에 좀더 가깝다.

 대각성운동과 환원운동의 관계는 어떠할까? 환원운동이 성장하는데 대각성운동이 풍성한 토양이 되었다는 점은 의문이 없다. 환원운동가들의 전도활동도 이런 대각성운동의 흐름 안

2 장

에 있었다. 반면 부흥운동의 감정적인 면에 대해 발톤 스톤은 긍정적으로 생각하는 경향이 컸고, 반면 알렉산더 캠벨은 이에 대해 부정적인 경향이 짙었다.

환원운동사에서 흔히 삼인방 이전 세 명의 선구자들이 언급된다. 바로 엘리아스 스미스와 애브너 존스, 제임스 오켈리이다. 이들은 스톤-캠벨운동의 주류가 되지는 못했지만 기존 교회의 전통을 비판하면서 신약성서의 가르침에 따라 교회를 세우려는 선구자의 역할을 감당했다. 이들 운동은 오늘날 연합그리스도의교회(United Church of Christ)의 뿌리가 된다.

3

History of the Restoration Movement

미국 환원운동의 선구자

엘리아스 스미스
애브너 존스
제임스 오켈리
그리스도인연결(Christian Connection)

미국 환원운동의 선구자

앞에서 설명한 것처럼 미국에서는 새로운 기독교를 세우려는 열망이 하나의 흐름으로 자리 잡았다. 그 흐름은 침례교에서도, 감리교에서도, 장로교에서도 일어났다. 침례교회에서는 엘리아스 스미스와 애브너 존스가, 감리교에서는 제임스 오켈리가, 장로교에서는 발톤 스톤, 토마스 캠벨, 알렉산더 캠벨이 이런 흐름을 탔다. 이중 스미스, 존스, 오켈리는 환원운동의 선구자로 볼 수 있고, 스톤과 캠벨 부자는 이 환원운동의 실제적인 주역이 된다. 이들 운동은 지역적으로도 서로 구분되었다. 전체적으로는 미국 초기 역사에 해당하기 때문에 지역이 미국 동부에 집중되어 있다. 세부적으로 보면 침례교도였던 스미스와 존스는 뉴잉글랜드에서, 감리교인이었던 오켈리는 버지니아와 노스캐롤라이나에서 환원운동을 전개하였다. 장로교인이었던 스톤은 켄터키 중심부에서, 캠벨 부자는 펜실베이니아와 서부 버지니아에서 환원운동을 벌였다.

이 장에서는 이 환원운동의 선구자인 스미스, 존스, 오켈리에 대해 간략하게 살펴보고자 한다. 이들은 유럽에서 발생한 교파나 교회사 속에서 형성된 전통을 거부하고, 신약성서를 중심으로 한 교회를 회복하고자 하였다. 그들은 전통을 인간이 만든 인위적인 것으로 여겼다. 또 그들은 교파의 이름으로 부르지 않고 서로를 성서에 명시된 대로 단순히 그리스도인으로 부르며, 신자들의 연합을 추구하였다. 이런 면들이 그들

3 장

이 환원운동의 선구자로 불리게 된 요인이다. 물론 이들의 운동을 신학적으로만 이해할 수는 없다. 앞에서 언급했던 것처럼 그들은 영국으로부터 독립하려고 했던 당시 미국의 역사적 흐름에 강한 영향을 받았고, 이런 경향은 유럽에서 발생한 전통이나 신학, 교회체제에 대한 비판적 인식으로 이어졌다.

엘리아스 스미스

애브너 존스

제임스 오켈리

엘리아스 스미스

뉴햄프셔의 엘리아스 스미스(Elias Smith, 1769-1846)는 애브너 존스와 '그리스도인연결'(Christian Connection)이라는 모임을 결성한 인물로 유명하다. 그는 침례교 안의 칼뱅주의, 특히 특별예정과 제한 속죄를 납득하지 못해 1802년 독립교회를 설립하였다. 개혁주의 신학은 일명 튤립(TULIP)으로 표기되는 인간의 전적 타락(total depravity), 하나님의 무조건적 선택(unconditional election), 제한 속죄(limited atonement), 하나님의 저항할 수 없는 은혜(irresistible grace), 성도의 견인(perseveranc)을 말한다. 그런데 하나님의 무조건적 선택은 예정론(predestination)을 말하는 것이다. 일반적으로 예정론은 인간의 구원과 개인 영혼의 궁극적인 운명에 대해 모두 하나님께서 예정하였다는 교리이다. 예정론은 자유 의지(free will) 교리와는 모순처럼 보이기도 한다. 제한 속죄는 예수께서 구원받기로 예정된 이들만을 위해 십자가를 지셨다는 주장이다. 이 또한 예정론과 연결된 교리이다. 스미스가 이 교리를 부인했다는 것은 하나님이 인간의 의사와는 상관없이 구원과 멸망으로 무자비하게 가르는 분이 아님을 역설하고, 인간의 자유 의지를 옹호했다고 이해할 수 있다.

스미스는 신자들은 교파 신자가 아니라 '그리스도인'이어야 한다고 믿었다. 이후 스미스와 존스는 성경 이외의 모든 신조를 거부해야 한다고 생각해 뉴잉글랜드 지역에 다수의 그리스도인교회(Christian church)를 세웠다. 그는 국가의 지원을 받는 교회나 목회자, 칼뱅주의, 약식세례 등을 비판하였다. 그리고 자신의 사상을 효과적으로 전파하기 위해 1808년 「복음 자유의 전령」(*Herold of Gospel Liberty*)이라는 저널을 발행하였다. 그런데 이 저널은 미국 최초의 종교 저널이자 최초의 종교신문이라는 타이틀을 가지고 있다. 그는 그리스도인연결이라는 이름으로 기독교인들의 연합을 추구하기 위해 노력하였다.

3 장

 스미스의 복잡한 인생 역정에도 불구하고 그에게서 환원운동의 선구자적인 모습을 찾는다면 다음과 같다. 그는 미국이 영국에서 독립한 것처럼 유럽의 교파에서 독립하여 신약성서만을 붙들어야 한다고 주장하였다. 그는 당시 미국 복음주의의 평민주의적 유형을 보여주는데, 이는 정치 권력과 교회의 억압적인 관행을 거부하고[20] 자유와 민주주의의 가치를 중시하는 것이다. 그가 교파 신자가 아니라 그리스도인이라는 용어만으로 만족하려 했다는 점도 주의 깊게 볼 대목이다.

애브너 존스

 애브너 존스(Abner Jones, 1772-1841)는 보통 장로(elder) 애브너 존스라고 불렸다. 그는 본래 의학훈련을 받은 의사였다. 존스는 1801년에 목회사역을 시작했다, 그는 그리스도인연결이라고 불리게 되는 여러 교회를 처음 설립하였는데, 1803년 스미스가 동참하여 공동의 운동이 되었다. 애브너 존스는 엘리아스 스미스와 여러 공통점이 있다. 그것은 침례교 설교자이고 뉴잉글랜드에서 활동했다는 점이다. 그는 스미스와 사상적으로도 공통된 부분이 있었는데 칼뱅주의의 무조건적인 선택 교리와 예정론을 받아들이지 않았다. 성경만을 따르는 그리스도인이 되고자 한 부분도 유사하다.

---

[20] Mark A. Noll, 『복음주의 발흥』 한성진 역(서울: CLC, 2012), 301.

미국 환원운동의 선구자

제임스 오켈리

　제임스 오켈리(James O'Kelly, 1735-1826)는 감리교에서 나와 환원운동을 펼쳤던 인물이다. 그는 말 위에서 설교하는 사람(horse back preacher)이라는 별명을 얻었다. 그는 자유의 가치에 헌신한 인물이다. 그는 감리교 지도자인 애즈버리의 독단적인 스타일을 좋아하지 않았으며 교회체제가 좀 더 민주적이길 희망하였다. 오켈리는 애즈버리가 교회 청빙권도 없이 순회 설교자로 임명한다는 사실을 알고 심적으로 갈등했다. 그는 감리교회가 교황제 쪽으로 가고 있으며 애즈버리가 전제정치를 하고 있다고 비판하였다. 그래서 오켈리는 1792년 애즈버리와 분리하였고 이듬해에 공화적 감리교(Republican Methodisits, 1793)를 세웠다. 그 운동의 중심지는 버지니아와 노스캐롤라이나였다.

　오켈리는 개교회를 다스리는 장로들을 인정하였지만 그 이상의 권위는 비판하였다. 또한 오켈리의 운동에 참여했던 감리교도 출신 목사인 라이스 해거드(Rice Haggard, 1767-1819)의 권유로 1794년 '그리스도인'이라는 명칭을 채용하고, 성경만을 따르기로 하였다. '그리스도인'은 정체성 형성 차원에서 오켈리의 추종자들에게 성서가 제시하는 단순한 이름으로 일체감을 갖게 하였다. 오켈리는 목회자와 평신도가 동등한 성서해석권을 갖고 있으며 연회(年會)는 단지 자문 역할만

3 장

을 할 수 있다고 보았다. 그러나 그는 감리교의 영향에 의해 유아세례를 행했다. 그를 움직이는 동인은 신약교회로의 신앙과 행위의 엄격한 환원보다는 감독 애즈버리의 리더십에 대한 저항, 그리스도인의 연합이었다.21)

미국 교회사가 마크 놀(Mark A. Noll)은 오켈리를 복음주의 역사에서 개인적 체험과 성서적 권위에 근거해 기성교회의 전통에 맞서는 복음주의의 새로운 문을 열었던 인물 중 한 명이라고 평가한다. 곧 그가 교회의 기존전통에 맞서면서까지 참된(형식적, 물려받은, 명목상의, 단순히 전통적인 또는 부패한 말에 반대인) 기독교와 성경의 정통적 권위를 통해 동기부여 받았고, 복음주의 역사에 새로운 차원을 열었다는 것이다. 오켈리는 미국혁명의 공화주의적 수사어구에 많은 영향을 받았다.22)

그리스도인연결(Christian Connection)

'그리스도인연결'은 19세기 초 애브너 존스와 엘리아스 스미스가 뉴잉글랜드에서 시작한 운동이다. 존스와 스미스는 처음 개별적으로 움직였지만 '그리스도인'이라는 이름으로 함께 하였다. 스미스는 1804년 발톤 스톤의 운동을 처음 들었

---

21) Eds. Douglas A. Foster 외, *The Encyclopedia of The Stone-Campbell Movement* (Grand Rapids: Eerdmans, 2004), 574. 이 책에 대한 번역서는 정남수 한국어판 총괄편집자, 『그리스도의교회들 운동 대사전』(서울: 대한기독교서회, 2015)이 있다. 본서는 원서와 번역서를 상황에 따라 자유롭게 인용하였다.
22) Mark A. Noll, 『복음주의 발흥』, 272-273, 276.

고, 1808년 오켈리의 운동을 알게 되었다. 1808년 오켈리가 스미스-존스 운동에 동참하였고, 곧 켄터키 지역 스톤의 추종자들이 합류하였다. 이 그룹들은 1810년 연합하였다. 당시 이 운동의 신자들은 대략 2만 명이었고 느슨한 교회들의 친교형태로 유지되었다. 그리스도인연결의 가장 중요한 신학적 주장은 우리의 신앙이 신조가 아니라 성경에 의지해야 한다는 것이었다. 실천적인 면에서 그들은 칼뱅주의의 예정론을 거부하고 아르미니우스적 견해를 따랐으며, 개교회의 자치를 공유했다. 앞에서도 언급했던 「복음 자유의 전령」은 그리스도인연결의 간행물 역할을 하였다.

그리스도인연결에 참여한 여러 그룹은 1810년 하나라고 선언하였으나 실제적인 대회(conferences)가 남북전쟁 이후에나 열릴 정도로 처음 모임은 느슨한 연합에 지나지 않았다. 그들은 그리스도인교회(Christian Church)라는 이름을 선호하였다. 그런데 1832년 스톤-캠벨 그룹이 연합할 때 켄터키와 테네시의 많은 그리스도인교회는 스톤을 따라 알렉산더 캠벨과 연합하였지만 스톤 그룹의 절반 정도가 이 연합에 가담하지 않음으로써, 스톤-캠벨운동과 그리스도인연결은 확실히 구분되었다.

스톤의 노력에도 불구하고 오하이오에 있었던 그 운동의 많은 교회와 인디애나의 일부 교회는 개혁자들(reformers)과 연합하기를 거부하였다. 대신에 그들은 그리스도인연결이라고 알려지게 되었던 스미스-존스, 오켈리의 그리스도인과 교감하였다.[23]

3 장

 이 그리스도인연결은 남북전쟁 이후 초기 이상보다 더 조직화 되고, 중앙집권화되었으며, 미국 주류교회의 모습과 가까워졌다. 그리고 그리스도인연결은 1931년 회중교회(National Council of the Congregational Churches of the United States)와 합병하여 회중 그리스도인교회(Congregational Christian Church)가 되었고, 다시 20년의 토론과 사역을 통해, 두 개의 독일계 미국 교파가 합병해서 성립했던 '복음주의 및 개혁교회(Evangelical and Reformed Church)' 와 합하여 연합그리스도의교회(United Church of Christ)가 되었다.24) 연합그리스도의교회는 지금 미국 성공회(The Episcopal Church, TEC)와 더불어 미국에서 가장 진보적인 교단이 되었다.25) 연합그리스도의교회는 그리스도의교회와 명칭이 같아 흔히 스톤-캠벨운동의 일원으로 오해되기도 하지만 그렇지 않다. 그리스도의교회의 뿌리는 직접적으로 스톤-캠벨운동과 연결된다. 오켈리, 스미스-존스 그룹은 스톤-캠벨운동에 일부만 동참하였기 때문이다. 즉 존스, 스미스, 오켈리는 환원운동의 선구자로 간주될 수 있지만 스톤-캠벨운동에 중심적인 역할을 했다고 볼 수 없다. 그래서 오늘날 그리스도의교회를 형성한 직접적인 뿌리는 발톤 스톤, 토마스 캠벨, 알렉산더 캠벨로 소급된다. 우리는 그들을 환원운동의 삼인방이라고 부른다.

---

23) Eds. D. Newell Williams 외, *The Stone-Campbell Movement: A Global History* (St. Louis: Chalice Press, 2013), 29.
24) Eds. Douglas A. Foster 외, *The Encyclopedia of The Stone-Campbell Movement*, 191.
25) 이재근, 『세계 복음주의 지형도』(서울: 복있는사람, 2015), 70.

4

History of the Restoration Movement

발톤 스톤

데이비드 콜드웰 아카데미에서 회심하다
발톤 스톤과 케인릿지 집회
그리스도인교회 운동
발톤스톤과 환원운동

발톤 스톤

데이비드 콜드웰 아카데미에서 회심하다

환원운동의 삼인방에 들어가는 발톤 스톤은 1772년 크리스마스이브에 메릴랜드의 찰스 카운티에서 태어났다. 아버지는 존 스톤(John Stone)이었으며, 어머니는 머스그레이브(M. W. Musgrave)였다. 메릴랜드의 설립자 중 한 명인 캡틴 스톤(Captain William Stone)은 발톤 스톤의 조상이다. 발톤 스톤은 아버지가 부동산과 16명의 노예를 소유한 중산층으로서 유복한 집안 출신이었으며 성공회에서 유아세례를 받았다. 그러나 그가 3살 때 부친이 사망함으로써 경제적인 어려움을 겪게 된다. 이후로도 그는 경제적인 풍요함과는 거리를 둔 삶을 살았다. 그는 어렸을 때부터 책 읽기를 즐겼다. 그중에서도 성경과 헨리 필딩(Henry Fielding)이 쓴 『톰 존스』(*Tom Jones*, 1749)라는 소설을 좋아하였다.

발톤 스톤은 1801년 엘리자베스 캠벨(Elizabeth Campbell)과 결혼하였으나 그녀는 1810년 사망하고 말았다. 엘리자베스 캠벨은 스톤과 살았던 9년 동안 아들 한 명과 딸 네 명을 낳았다. 당시 여성의 건강상태는 매우 열악하여 이처럼 조기 사망하는 경우가 많았다. 캠벨의 사망 원인은 알려지지 않았으나 그녀도 26세 이전, 8년 동안 5명의 아이를 낳았는데 이것이 때가 이른 죽음을 불러왔을지도 모른다. 환원운동가들 중 재혼을 한 이들이 많은 이유는 부인이 일찍 사망했기 때문이다.

4 장

19세기 초중반 영국과 미국의 복음주의 여성에 대해 언급한 한 연구는 당시 상황을 다음과 같이 말한다.

> *이 시대 대다수의 복음주의 여성에게 집안과 가족의 요구와 성년기 내내 이어진 임신으로 인해 삶의 영역은 극도로 제한되어 있었다. 반복된 출산은 늘 큰 위험을 동반해서, 출산과 동시에 갑작스럽게 죽어버리는 경우도 많았고, 중년 초기 이후 거의 기어 다녀야 할 정도로 쇠약해지거나 평생의 지병으로 고생하게 되는 경우가 많았다. 1846년 미국에서는 결혼 생활이 몇 년도 채 되기 전에 건강이 완전히 망가져 버린 여자의 수가 그 주제를 조사해 보지 않은 사람은 도저히 믿을 수 없을 정도의 수치였다.*[26]

발톤 스톤은 캠벨이 사망한 후 그의 아내의 사촌인 셀리아 보웬(Celia Wilson Bowen)과 재혼하여 6명의 자녀를 더 두었다. 그가 사망할 때는 49명의 손자와 손녀가 있었다.

발톤 스톤의 꿈은 가계의 전통을 잇고, 경제적인 부를 위해 변호사나 정치가가 되는 것이었다. 그는 이 꿈을 이루기 위해 1790년 1월 새빛파(New Light) 장로교 계통의 데이비드 콜드웰 아카데미(David Caldwell Academy)에 입학하였다.[27] 당시

---

26) John Wolffe, 『복음주의 확장』 이재근 역(서울: CLC, 2010), 165.
27) 새빛파 장로교도들은 18세기의 대각성운동을 주도하고 있었다. 부흥운동을 거부하는 옛빛파와 달리 새빛파는 기독교 신앙이 감각적인 것이고, 성령의 역사에 의한 하나의 경험이며, 단순히 이론이나 윤리 문제가 아니라고 주장하였다. Newell Williams, 『바톤 스톤의 영성』, 32.
  옛빛파와 새빛파라는 용어는 처음에는 한 공동체였으나 의견이 일치하지 않게 된 두 그룹을 구별하기 위해 사용되었다. 이 용어는 18세기 초 회심과 구원의 본질에 관한 칼뱅주의 교파들 사이의 신학적 접근방식의 차이에서 비롯되었다. 이후 이 용어는 다양한 방식으로 적용되어 상황에 따라 그 의미가 달라졌다. 일반적으로 교단이 분열할 때 이슈에 대한 기존의 관점을 따르는 이들을 옛빛파라 부르고, 변화를 요구하는 이들을 새빛파라 부른다. 앞의 내용은 Wikipedia에서 "Old and New Lights" 항목 참고(2023년7월19일 접속).

발톤 스톤

아카데미는 대학보다는 규모가 작지만 고등교육을 담당하는 일종의 학원이었다. 1767년 세워진 데이비드 콜드웰 아카데미는 장로교 목사 콜드웰(David Caldwell, 1725-1824)이 운영하는 1인 교수제의 아주 작은 교육기관이었으나 당시에는 뛰어난 학교였다. 그러나 발톤 스톤은 콜드웰 아카데미에서 회심(conversion)을 경험하면서 복음을 전하겠다며 진로를 바꾸게 된다. 그리고 성공회에서 장로교로 교파를 옮겼다.

발톤 스톤의 젊은 시절 모습

콜드웰 아카데미의 종교적 분위기는 뜨거웠다. 발톤 스톤에게 영향을 준 사람은 맥그래디(James McGready, 1758-1817)와 하지(William Hodge, 1747-1819)였다. 맥그래디는 콜드웰의 제자였고, 1789년 봄에 길포드 카운티(Guilford County)의 목사로 취임하면서 콜드웰 아카데미를 자주 방문하게 되었다. 스톤은 같은 방 동료의 권유로 맥그래디가 설교하는 모임에 참석하였다. 맥그래디는 스톤에게 지옥의 심판과 천국을 이야기하여 영적인 순례를 할 수 있는 동기를 부여하였다. 맥그래디는 부흥운동에 찬성하는 장로교 목사로서 천국의 기쁨과

4 장

지옥의 공포를 선포하여 죄의 치명성에 대해 효과적으로 설교하였다.28) 스톤은 분노하는 하나님이 두려웠다. 그럼에도 맥그래드의 설교는 스톤이 영적인 문을 열도록 자극하였다. 스톤의 회심에 마침표를 찍게 한 인물은 하지였다. 1791년 스톤은 콜드웰이 관리하는 교회 중의 하나였던 앨러먼스(Alamance)교회 집회에 참석하였다. 하지는 하나님의 사랑을 이야기했다. 하나님의 저주를 선포하는 다른 설교와 달라서 그는 이를 새로운 가르침이라고 생각했다. 그는 회심하였다. 스톤은 3년 만인 1793년 콜드웰에서의 공부를 마쳤다.

발톤 스톤은 이후 설교가로서의 소명을 느꼈다. 그러나 그는 장로교 교리와 계몽주의가 강조하는 이성(reason) 사이에서 갈등을 겪었다. 그는 1793년 가을부터 1794년 봄까지 목사가 되는 과정에서 신학적인 고민에 휩싸였다. 그중에 예정론, 즉 선택 교리가 있었다. 그는 죄인을 사랑하시는 하나님이 어떤 사람에게는 신앙을 주고, 어떤 사람에게는 신앙을 주지 않는다는 예정 교리를 이해하기 어려웠다.29) 그는 우리가 구원받지 못하는 것은 하나님의 선택이 아니라 인간의 불신(不信) 때문이라고 생각했다. 또한 예정론은 상식에도 맞지 않는 것처럼 보였다. 하나님은 죄인을 사랑하신다는 명제와 한편으로 하나님께서 어떤 죄인에 대해서 영원한 벌을 내리기로 하셨다는 명제는 서로 충돌하는 것으로 보였다. 이것은 죄인들에

---

28) Richard Tristano, 『환원운동의 역사와 근원: 역사 비평적인 관점에서』(서울: 환원역사연구소, 2011), 60-61.
29) Eds. D. Newell Williams 외, *The Stone-Campbell Movement: A Global History*, 11.

대한 하나님의 사랑을 부인하는 것이며, 동시에 가엾은 죄인들을 사하시는 하나님의 영광을 부인하는 것이 되기 때문이다.30)

그럼에도 스톤은 결국 전도자로서의 소명을 다시 회복하였고 1796년 4월 남아있던 신학시험을 성공적으로 마무리하고, 오렌지 노회의 지시에 따라 노스캐롤라이나의 남부지방을 순회하였다. 그런데 그는 노스캐롤라이나를 떠나 완전히 낯선 지역을 순회하려고 했다. 플로리다의 인적 드문 한 변경지역에서 그는 한 늙은 여인에게 마치 요나 선지자 같다는 충고를 들었다. 그녀는 스톤에게 서부 개척지로 가라고 권했다. 그는 테네시주에 있는 캠버런드 정착촌에서 설교하였고 켄터키의 렉싱턴에 정착하여 장로교회에서 설교를 시작하였다. 스톤은 1797년 겨울 켄터키 북부에 있는 케인릿지(Cane Ridge)와 콩코드(Concord) 지역의 장로교 회중들을 맡게 되었다. 그 지역은 대다수가 장로교인과 부유한 농장주들로 구성되어 있었다. 켄터키에서 스톤은 목사 안수를 받았다. 그는 1798년 10월 4일 트란실바니아 노회에서 안수를 받을 때 "웨스트민스터 신앙고백을 받아들이냐?" 는 질문을 받았다. 여기에 대해 그는 "하나님의 말씀에 부합하면 그것을 받아들입니다." 라고 대답함으로써 안수 과정을 무사히 통과할 수 있었다.

---

30) Newell Williams, 『바톤 스톤의 영성』, 13-14.

4 장

발톤 스톤과 케인릿지 집회

　미국 서부는 종교적으로 매우 침체 되어 있었다. 그런데 18세기 말에 이런 분위기가 극적으로 바뀌었다. 맥그래디는 1800년 6월 레드강(Red River)에서, 7월에는 개스퍼강(Gasper River)에서 집회를 열었다. 1802년 천막집회(camp meeting)라는 말이 사용되지만 사실상 맥그래디가 주도한 이 집회가 천막집회의 시초라고 할 수 있다. 학생이었던 발톤 스톤을 영적으로 각성시킨 적이 있었던 맥그래디는 제2차 대각성운동과 미국 복음주의 역사에서 매우 중요한 인물이다. 곧 그는 미국 부흥운동을 주도한 인물로서 스톤의 케인릿지 집회(Cane Ridge camp meeting) 개최에 강력한 동기를 부여하였다. 이 두 집회에서 강력한 종교적 현상이 일어났고 부흥을 기대하는 분위기가 형성되었다. 스톤은 맥그래디의 천막집회가 성공적인데 자극받아 자신도 계속 집회를 인도했고 그 집회에서 많은 사람이 쓰러지는 현상을 목격하였다. 이런 부흥의 흐름을 한데 모아 터뜨린 것이 케인릿지 집회였다. 케인릿지 부흥이 있었을 때 스톤은 28살이었다. 이때는 제2차 대각성운동이 동부를 휩쓸고 서부로 진입해 갈 때로서 켄터키는 스톤의 집에서 그리 멀지 않았다. 집회는 그해 8월 6일 금요일부터 다음 주 목요일까지 지속 되었다. 참석자는 1~2만 명 혹은 2만 5천 명 정도였다. 당시 켄터키주의 가장 큰 도시 렉싱턴의 인구가 2천 명이었던 점을 고려하면 이는 엄청난 숫자이다.

  케인릿지 집회는 참여 숫자도 많았지만 부흥회 때 일어난 다양한 영적 현상과 열광주의 때문에 더 유명해졌다. 참석자들은 쓰러지고, 몸을 흔들고, 춤을 추거나 소리를 질렀으며, 웃고 노래하는 등 굉장한 반응을 일으켰다. 스톤은 특히 찬양에 깊은 인상을 받았다. 단 방언(tongues) 현상은 나타나지 않았다. 이 집회에서 회심한 숫자는 대략 1천 명은 되었던 것 같다. 어떤 신문은 3천 명이 회심한 오순절 이후의 최대 성령강림 사건으로 보도하였다. 또 교회사가 시드니 알스트롬(Sydney E. Ahlstrom)은 케인릿지 집회를 미국의 복음주의적 개신교가 부흥된(revivalized) 데 하나의 맥을 제공한 세기를 뛰어넘는 상징적 사건으로 보았다.[31]

  케인릿지 집회는 에큐메니컬한 부흥회였다. 당시 설교자는 장로교 목사가 가장 많았지만, 감리교, 침례교 설교자들도 있었다. 한 목격자는 7명의 설교자가 다른 장소에서 동시에 설교하였다고 보고하고 있다. 당시 천막집회가 교파 간 협력으로 이루어졌던 이유는 믿음의 공유와 교회에 팽배한 현실적인 문제에 대해 공통적인 해결점을 찾기 위해서였다. 그 문제는 미국에서 신앙의 열정이 식어간다는 것이었다.[32]

---

31) Sydney E. Ahlstrom, *A Religious History of the American People* (New Heaven: Yale University Press, 1972), 435.
32) Richard Tristano, 『환원운동의 역사와 근원』, 58.

4 장

케인릿지 집회의 모습이다.

케인릿지 집회와 같은 당시 천막집회는 일정한 결과를 얻기 위해 조심스럽게 계획되고, 적지 않은 노력이 들어갔다. 또 개척지의 척박한 환경에서 소외된 농부들에게 종교적이고도 사회적인 해결책을 제공했다. 어떤 이들에게 이 집회는 거대한 유희이자 사회적인 휴식처였다. 오랫동안 이웃과의 인간관계에서 소외되었던 많은 이들이 천막집회에서 친교를 나눌 수 있었다. 그래서 때로는 종교에 관심 없는 사람들이 참여하여 물의를 일으키기도 했다. 이 천막집회를 제대로 활용한 교파가 순회 전도자(circuit riders)를 둔 감리교회였다.[33] 침례교도 부흥운동의 덕을 많이 보았다. 침례교회의 설교자들은 복음을 단순하게 제시하였다.[34] 이런 노력을 통해 감리교회와 침례교회

---

33) Rodney Stark and Roger Finke, 『미국 종교시장에서의 승자와 패자: 1776-2005』 김태식 역(서울: 서로사랑, 2009), 147-156.

발톤 스톤

는 급성장하면서 미국의 종교 지형도를 변화시켰다.

　백인뿐만 아니라 흑인들도 이 부흥운동에서 상당한 매력을 느꼈다. 미국에서는 백인보다 흑인들이 이 부흥회의 열광주의에 쉽게 동화되는 것 같았다. 그리고 부흥회는 미국 전역으로 확산되면서 미국교회의 친숙한 모임으로 자리 잡아 갔다. 반면 영국에서는 절제되고 차분한 형태의 복음주의가 환영받았다.

　케인릿지 집회는 스톤이 칼뱅주의 예정론을 부인하고 교회연합에 대해 긍정적인 시각을 갖게 되는 결정적인 계기가 되었다.[35] 스톤은 성령이 인간을 회심시키기 위해 미리 일하신다는 생각을 거부하고 하나님의 복음이 선포될 때 사람들에게 신앙을 주신다는 생각을 1801년 초봄 로간 카운티 집회에서 결정적으로 확신하게 되었지만 이 케인릿지 집회는 그 생각을 더욱 단단하게 해주는 계기가 되었던 것이다. 이 집회를 통해 스톤은 사람들이 복음을 거부하는 것은 하나님의 예정이 아니라 사람들에게 책임이 있다고 더욱 확신하게 되었다. 이 집회는 선택된 자들에게만 아니라 모든 사람에게 구원이 열려있음을 강조하였다. 스톤은 죄인은 이 복음을 믿을 수 있는 능력이 있으며, 하나님께 와서 은혜와 구원을 얻을 수 있다고 믿었다. 그는 성령이 지금 신앙을 받아들일 수 있도록 하시기 때문에 "지금 믿고 구원을 받으라"고 외쳤다.

---

34) Donald M. Kinder, *History of the Restoration Movement* (강의 노트, 2014. 12. 단 킨더가 2014년 12월 강서대학교 신학대학원생을 대상으로 했던 강의 노트이다), 61.
35) Richard Tristano, 『환원운동의 역사와 근원』, 69-71.

4 장

그리스도인교회 운동

천막집회의 긍정적인 요소에도 불구하고 어떤 이들은 이런 형태의 부흥운동을 무질서하고 칼뱅주의 정통을 뒤집는 것으로 생각하였다. 이런 경향은 특히 장로교회에서 두드러졌다. 천막집회는 장로교인에 의해 조직되었으나 장로교 노회는 이런 집회에 참여하는 것을 좋아하지 않았다. 장로교 목회자들은 큰 소리로 기도하는 동시에 복음을 권면(exhortation)하는 방식을 뒤섞인 집회(mingled exercises)라고 비판하였다. 또 경련, 웃음, 춤, 노래 등의 물리적인 표현도 문제가 되었다. 이런 행위들은 교회의 질서를 위협하는 것으로 이해되었다. 그러나 갈등의 가장 큰 원인은 역시 교리적인 것이었다. 발톤 스톤과 다른 장로교 목사들은 하나님이 신앙을 주시는 방법에 생각이 일치하지 않았다. 스톤은 성령의 사전 활동 없이도 복음이 선포되면 사람들은 복음에 반응할 수 있다고 믿었다.[36] 그는 말씀을 듣기 전에 성령이 먼저 사람에게 역사해야 한다는 개념을 부인했는데 이것이 많은 복음주의자와의 차이점이다. 환원운동가들은 말씀 속에서 성령이 역사한다고 생각하기 때문에 미리 성령이 택한 사람을 중생시켜야 한다고는 생각하지 않았다.[37]

---

[36] Newell Williams, 『바톤 스톤의 영성』, 92, 98, 120.
[37] Michael W. Hines, *History of the American Restoration Movement*, 44.

발톤 스톤

발톤 스톤과 장로교의 갈등은 1803년 본격화되었다. 그는 칼뱅주의와는 다른 신학적 입장 때문에 결국 장로교회와 결별하였다. 이는 장로교 입장에서는 교회의 분열이었다. 1803년 9월 6일 렉싱턴에서 열린 켄터키 노회에서 갈등은 중대국면을 맞이했다. 그리고 9월 10일, 스톤과 그 동료인 맥니마(Richard McNemar), 둔라비(John Dunlavy), 마샬(Robert Marshall), 톰슨(John Thompson)은 맥니마를 견책하려는 노회의 결정에 반발하였다. 왜냐하면 맥니마에 대한 견책은 이후 자신들에 대한 견책으로 돌아올 것이 뻔했기 때문이었다. 그들은 다 같이 스프링필드 노회(Springfield Presbytery)를 구성하였다.38) 이에 대해 켄터키 노회는 이들에 대한 목회활동 자격을 박탈하였다. 이에 그들은 자신들의 입장을 변호하는 문서를 작성하였는데 이것이 1804년 1월 발행한 "켄터키 노회 판결 거부 해명서"(An Apology for Renouncing the Jurisdiction of the Synod of Kentucky)이다. 그들은 해명서에서 자신들이 교회분열을 획책했다는 주장을 반박했으며, 각 교파의 신앙고백이 오히려 교회일치를 방해한다고 주장하였고, 자신들이 외쳐왔던 복음과 믿음에 대해 변호하였다. 이처럼 스톤과 장로교 노회와의 갈등은 '신앙고백'의 문제와도 연결된다. 왜냐하면 웨스트민스터 신앙고백은 예정론을 주장했고 스톤은 이에 동의할 수 없었기 때문이다. 환원운동가들

---

38) 미국에는 여러 곳에 스프링필드라는 도시와 타운이 있다. 이 스프링필드는 켄터키에 있는 스프링필드로서 워싱턴 카운티(Washington County)에 있는데, 발톤 스톤은 이 스프링필드에서 살았고 이곳에서 사역하였다.

4 장

은 개별 교파의 신앙고백이 개인의 신앙 자유를 억압하고 오히려 교회분열을 조장한다고 보았다. 그런 의미에서 스톤과 그의 동료들은 칼뱅주의와 신앙고백에 비판적이었다.

그런데 1804년 6월 스톤과 그의 동료들은 결성한 지 1년도 되지 않은 스프링필드 노회를 스스로 해체하였다. 왜냐하면 이 노회가 하나의 파벌로 인식되고 이런 파벌은 신약성서가 허용하는 것이 아니라고 판단했기 때문이다. "스프링필드 노회의 최후 유언과 증언"(The Last Will and Testament of the Springfield Presbytery, 1804)은 그들이 스프링필드 노회를 해산하면서 발표한 문서였다. 여기에는 오직 성경만을 따를 것, 장로교와 부흥운동에 대한 반대자들의 태도 비판, 하나님께 부름을 받은 목회자(노회가 아닌), 인간의 전통이 배제된 단순한 복음에 관한 주장이 담겨있다.39) 당시는 교회분열과 당파주의가 천년왕국의 도래를 방해한다는 폭넓은 인식이 있었다. 이 문서에 당시의 이런 신학적 경향이 반영되어 있다. 그들은 이런 분파주의를 극복하려는 노력이 천년왕국의 도래를 촉진할 것으로 믿었다.40)

발톤 스톤과 그의 동료들은 스프링필드 노회를 해체한 후 단지 '그리스도인'(Christians, 행 11:26)이라는 명칭 외에는 사용하지 않기로 하였다. 이것은 라이스 해거드가 두 달 전에 제안한 것이었다.41) 해거드는 10년 전 감리교를 떠났고, 오켈

---

39) Donald M. Kinder, *History of the Restoration Movement*, 45. 누가 이 문서를 주도적으로 썼는가에 대해 맥니마라는 견해도 있지만 일반적으로 발톤 스톤으로 본다.
40) Newell Williams, 『바톤 스톤의 영성』, 133-135.

발톤 스톤

리에게 그리스도인이라는 이름을 제안한 사람이었다. 환원운동에 동참하는 이들은 보통 교회를 그리스도인교회라 불렀으며 일부는 그리스도의교회라 불렀다.

스톤 운동은 지속적으로 성장하였다. 켄터키와 테네시 중부에 걸쳐 스톤을 지지하는 이들이 마른 그루터기의 불처럼 일어났다.[42] 1810년에는 15개의 회중이 있었고 1824년 켄터키에만 300개의 회중과 15,000명의 회원이 있었다.[43] 이들 중 상당수는 뉴잉글랜드의 대각성운동에서 생긴 분리 침례교도들(Separate Baptists)이었다.

발톤 스톤과 환원운동

발톤 스톤은 화를 내지 않는 성인 같은 인품을 지녀서 반대자들도 그의 인품을 인정할 정도였다. 스톤은 토마스 캠벨보다 나이가 적었지만 알렉산더 캠벨보다는 16살이 많았다. 그리고 캠벨 부자가 미국에 오기 전부터 환원운동을 전개하고 있었다. 스톤의 환원운동의 특징은 무엇이었을까. 그는 믿음과 실천의 원칙으로 오직 성경만을 따라야 한다고 주장하였다. 그리고 그는 기독교가 정통으로 간주해온 신학적 견해가 자신의 이성으로 이해가 되지 않을 때 이를 성서에 비추

---

41) Eds. D. Newell Williams 외, *The Stone-Campbell Movement: A Global History*, 14.
42) 이들이 어떻게 성장했는지는 Eds. D. Newell Williams 외, *The Stone-Campbell Movement: A Global History*, 16 참조.
43) Michael W. Hines, *History of the American Restoration Movement*, 49.

4 장

어 끊임없이 질문하고 답을 찾으려 노력하였다. 물론 그가 내놓은 답이 모두 옳지는 않았다. 그럼에도 오직 성서만으로 신앙의 교리를 놓고자 한 모습에서 진정한 환원운동가로서의 모습을 본다. 우리는 그에게서 진리를 찾아가는 고된 여정을 발견할 수 있다. 그는 교회 연합을 최고의 가치로 삼고 이를 위해 전 생애를 바쳤다. 그는 교파의 이름 대신 그리스도인, 그리스도인교회라는 용어를 채택하면서 기독교인의 일치를 실현하고자 노력하였다. 이런 삶의 자세가 결국 1832년 알렉산더 캠벨 측과의 연합을 성사시켰다.

5

History of the Restoration Movement

토마스 캠벨

아일랜드에서 분리교회의 연합을 위해 노력하다
미국에서의 환원운동: 선언과 제언
교회일치와 성서 이해
환원운동의 설계자

토마스 캠벨

아일랜드에서 분리교회의 연합을 위해 노력하다

토마스 캠벨은 1763년 2월 1일 아일랜드 카운티다운(County Down)에서 출생하였다. 아일랜드 북부는 스코틀랜드와 잉글랜드 정착민의 후손이 많이 사는 지역으로 이들은 특히 얼스터(Ulster) 북부지역에 집중되었으며 장로교인이 많았다.44) 토마스 캠벨은 원래 성공회 출신이었으나 후에 장로교로 옮겼다. 그는 1787년 제인(Jane Corneigle, 1764-1835)과 결혼하여 7명의 자녀를 두었다. 그는 1783년 글래스고대학교(University of Glasgow)에 입학하였으며 1786년

토마스 캠벨의 초상이다.

---

44) Mark A. Noll, 『복음주의 발흥』, 41.

5 장

신학에 필요한 과정을 마쳤다. 그곳에서 캠벨은 스코틀랜드 계몽주의의 지적인 영향을 받았다. 캠벨은 이후 1787년 아처볼드 브루스(Archibald Bruce)가 운영하고 스코틀랜드의 휘트번(Whitburn)에 있는 반서약파(Anti-Burgers) 계열의 신학교(Divinity Hall)에 들어갔다. 1791년 이 과정을 마친45) 그는 모든 필요한 시험에 합격한 후 목사보(輔)가 되었다가 1798년 아호리교회(Ahorey congregation)에서 목사가 되었다.

토마스 캠벨은 분리교회(Seceders), 그리고 반서약파, 옛빛파(Old Light)에 속했다.46) 분리교회가 스코틀랜드 장로교회에서 분열한 이유에는 서임권이 깊이 관련되어 있다. 서임권(patronage)은 교회 재산의 세습 소유주가 교구 교회의 목사를 선택하고 세우는 권한을 말한다. 목사를 임명할 권리가 누구에게 있는가. 지역교회가 그 권리를 갖고 있는가. 아니면 영국 지주나 군주가 갖고 있는가. 분리파들은 교회 스스로 사역자를 선택할 권리를 갖는다고 보아 이 서임권을 전혀 인정하지 않았고 1733년 스코틀랜드 장로교회 총회에서 탈퇴하여 연합노회(Associate presbytery)를 세웠다. 분리교회는 자신들의 노회를 구성하기 위해 스코틀랜드 장로교회에서 분리하였

---

45) 글래스고대학교와 Divinity Hall에서의 수학 기간에 대해서는 Eds. Douglas A. Foster 외, *The Encyclopedia of The Stone-Campbell Movement*, 139를 따랐다.

46) 분리교회, 반서약파, 옛빛파에 대한 설명은 다음을 참고하였다. Michael W. Hines, *History of the American Restoration Movement*, 53-54; Eds. D. Newell Williams 외, T*he Stone-Campbell Movement: A Global History*, 17; Eds. Douglas A. Foster 외, *The Encyclopedia of The Stone-Campbell Movement*, 139, 610, 679-680; James L. Gorman, *Among the early evangelicals*, 102; 조동호, 『우리가 이 보배를 질그릇에 가졌으니』(대전: 서진출판사, 1994), 120-121; Wikipedia에서 "Anti-Burgher" 항목 참고(2023년 7월 19일 접속).

토마스 캠벨

던 것이다.

1745년 제임스파 반란(Jacobite Rebellion) 후에 공직에 가톨릭교도를 들어오지 못하게 하려고 글래스고, 에든버러, 퍼스의 도시 공직자들에게 의무화된 버그스 서약(Burgess Oath)에 대한 논쟁 때문에 1747년 서약파(Burgers)와 반서약파가 분리되었다. 이는 공직자들이 '참된 종교'(true religion)를 준수하고 방어하며, 가톨릭 제도(Papistry)를 거부한다는 맹세였다. 이 서약은 본래 로마 가톨릭교도들을 겨냥한 것이었으나 분리교회는 스코틀랜드 장로교회에서 분리하였기 때문에 문제가 되었다. 곧 서약파는 이것이 일반적인 장로교를 의미하기 때문에 문제가 없다고 보았지만 반서약파는 자신들이 옳지 않다고 생각해서 나왔던 스코틀랜드 장로교회에 서약한다는 것을 인정하기 어려웠던 것이다.

또다시 서약파와 반서약파는 한층 더 분열하는 고통을 겪었다. 서약파는 1798년에, 반서약파는 1806년에 분열하였다. 두 파는 모두 각각의 '옛빛파'와 '새빛파'를 형성했는데, 보다 칼뱅주의적이었던 옛빛파는 '엄숙동맹과 언약'(Solemn League and Covenant, 1643)을 고수하고자 했고, 반면 새빛파는 신학적으로 더 자유로웠다.

반서약파 분리교회는 스코틀랜드의 다른 종교 그룹과 함께하는 것을 찬성하지 않았다. 그래서 교제의 폭이 매우 좁았다. 옛빛파는 반서약파 그룹 중에서도 그런 경향이 더 엄격했다. 아일랜드에서는 버그스 서약이 요구되지 않았음에도 분리

5 장

교회 사이의 이러한 분열은 아일랜드까지 이식되었다. 분리교회는 스코틀랜드와 정치적 상황이 다름에도 불구하고 아일랜드에서도 여전히 분열되어 있었던 것이다. 그것은 아일랜드 교회가 스코틀랜드 노회의 관할권에 있었기 때문이었다.

토마스 캠벨이 목회를 하고 있던 당시 아일랜드에는 다른 유럽 국가들처럼 복음주의가 크게 성장하고 있었다. 캠벨은 얼스터 복음주의협회(Evangelical Society of Ulster)에서 활동하였는데 이 협회는 18세기 후반 얼스터의 중요한 복음주의 공동체였다. 캠벨은 1798년 10월 10일 이 협회의 창립 회원이 되었다. 복음주의는 교파 간의 벽을 넘어 복음을 증진하고 기독교인의 일치를 도모하는 분위기를 형성하였다. 복음주의를 지지하는 이들은 교파의 구별보다는 그리스도에게 집중하는 경향이 있었고 다른 선교회와도 협력하였다. 이 때문에 얼스터 복음주의협회도 교파를 넘어선 선교를 지향했고 그리스도 중심적인 복음을 강조하였다. 그 협회는 또한 선교를 위해서는 교파 간의 협력이 필요하다고 생각하였다. 얼스터 복음주의협회는 영국런던선교회(London Missionary Society)와 그 의도와 지향이 비슷했는데, 모두 비교파적이고, 원시적이며, 복음주의적인 복음으로 사람들을 회심시키는 초교파적인 노력을 하였다.[47] 여기서 원시적(primitive)이라는 말은 신약교회를 지향하는 특징을 말한다.

그런데 얼스터 복음주의협회는 오래지 않아 반대에 직면하

---

[47] James L. Gorman, *Among the early evangelicals*, 95-106.

토마스 캠벨

였다. 서약파와 반서약파 모두 이 협회에 대해 부정적이었는데 반서약파의 입장이 더욱 비판적이었다. 토마스 캠벨은 반서약파로서 이 협회에 속해 있는 유일한 목회자였다. 서약파나 반서약파는 이 협회의 반당파적, 즉 반교파적 정신을 싫어하였다. 분리교회는 얼스터 협회가 주장하는 일치의 비전은 오히려 분열을 초래할 수 있고 그들은 너무 자유적(latitudinarian)이라고 걱정하였다. 캠벨은 반서약파 노회의 입장을 수용하고 얼스터 협회 회원으로서의 활동을 중단했으나 그 협회에 대한 기부는 지속하였고 그 협회 사람들과도 친밀한 관계를 유지하였다.48)

토마스 캠벨은 아일랜드의 분리교회의 연합을 촉진하기 위해 노력하였다. 캠벨은 아일랜드 분리교회에서 서약파와의 일치를 옹호하는 반서약파의 대표주자가 되었다. 1800년 두 노회의 대화는 스코틀랜드 총대회(General Associate Synod of Scotland)와의 관계를 끊고 아일랜드 두 노회가 합치는 운동으로 전개되었다. 서약파와 반서약파 노회는 1804년 10월과 1805년 3월에 연합 문제를 논의할 위원회를 위해 3명의 대표를 각각 임명했는데 캠벨은 반서약파 대표로서 1804년 10월 작성된 제안들을 가지고 반서약파 노회에 발표하였다. 그는 분리교회의 분열을 "적잖은 악"이라고 말했다. 왜냐하면 그 분열은 "이 땅에서 기독교 신앙의 원대한 목표를 위한 연합, 일치, 그리고 믿음과 소망, 사랑 안에서의 친교라는 기독교

---

48) James L. Gorman, *Among the early evangelicals*, 106-111.

5 장

신앙의 특징과 정신에 맞지 않기" 때문이다. 그는 이 분리교회 분열이 "파당 정신"을 일으키고 "우리의 차이를 만드는 주제를 구약과 신약성서에서 찾을 수 없기" 때문에 부끄러운 것이라고 보았다. 발표의 4분의 1은 분열을 열렬히 비판하는 내용이었는데, 그 일부는 미국에서 작성한 "선언과 제언"(Declaration and Address)에서 되풀이된다.49)

캠벨은 얼스터 복음주의협회의 '자유적'인 원리들의 적절성에 대해 아일랜드 반서약파를 확신시킬 수 없었던 것만큼 아일랜드의 연합의 적절성에 대해 스코틀랜드 노회를 확신시킬 수 없었음에도 1806년 글래스고에서 열린 스코틀랜드 총대회에 반서약파 분리교회의 사안을 설명하도록 선택되었다. 스코틀랜드 노회에서 캠벨은 설득력 있게 사안을 설명했지만 투표에서 지고 말았다.50)

토마스 캠벨은 스코틀랜드와 아일랜드의 독립파(Independants)나 회중교회와 매우 가까이 지냈다. 리치 힐(Rich Hill)의 독립파 목회자들은 토마스 캠벨의 별명을 '니고데모'라고 지었다. 왜냐하면 캠벨이 아호리교회에서 사역을 마친 후 밤늦게 독립파 교회에 도착했기 때문이다. 결국 토마스 캠벨은 1809년 장로교 노회를 떠나 독립교회(Independant congregation)를 시작하였다. 당시에는 대서양 연안 국가들의 복음주의자 상당수가 장로교를 떠나 초교파적이

---

49) James L. Gorman, *Among the early evangelicals*, 122.
50) James L. Gorman, *Among the early evangelicals*, 122.

토마스 캠벨

고 복음주의적인 선교를 시도하였다. 얼스터 복음주의협회의 많은 회원도 장로교 노회를 떠나 독립파가 되었다.51)

토마스 캠벨은 연합운동의 실패와 더불어 학교 운영, 교회 목회, 그리고 정치-종교적인 불안정으로 인해 큰 병을 얻었다. 그는 스트레스의 근원에서 벗어나야 한다는 의사의 조언을 받아들여 미국으로 갔다. 이것은 새로운 기회를 찾는 모험이기도 했다. 미국행은 당시 얼스터의 많은 사람이 단행하고 있었던 조치였다.52) 그런데 아일랜드에서 캠벨이 경험했던 모든 것들은 미국에서 그의 행보에 깊은 영향을 미쳤다. 미국에서의 행보가 아일랜드의 행보와 밀접하게 연관되어 있었다는 뜻이다.

미국에서의 환원운동: 선언과 제언

토마스 캠벨은 1807년 4월 북아일랜드의 런던데리(Londonderry)에서 필라델피아로 가는 배를 타고 35일 만에 미국에 도착하였다. 그는 펜실베이니아 워싱턴의53) 존경받는 목사가 되었다. 그러나 토마스의 목회방침과 사상은 스코틀랜드 분리교회(Seceders)의 북미 부속노회(Associate Synod of North America)와 갈등을 빚었다. 그가 남서부 펜실베이니아

---
51) James L. Gorman, *Among the early evangelicals*, 114-116.
52) Eds. D. Newell Williams 외, *The Stone-Campbell Movement: A Global History*, 18.
53) 미국 메릴랜드주와 버지니아주 사이에 있는 미국의 수도인 워싱턴 D. C. 와는 다른 지역이다.

5 장

의 장로교인과 성찬을 나누었기 때문이다. 곧 그는 분리교회 소속이 아닌 이들(non-Seceders)에게도 성찬을 허용했던 것이다. 그런데 이런 행위는 금지되어 있었다. 이 외에도 그는 장로교 신앙고백의 신적 권위를 부정했고, 장로교와 신앙의 본질(감정적 체험이 아닌 지적인 동의)에 대한 의견이 달랐으며, 성직자가 부재할 경우 평신도가 권면할 수 있다고 주장하였다.[54] 토마스 캠벨은 신앙고백에 위대한 진리가 담겨있다고 보았지만 이것이 기독교인의 신앙을 구속해서는 안 된다고 보았다. 신앙고백이 교회분열의 원인이 된다고 보았기 때문이다. 토마스 캠벨에게서 우리는 기독교인의 일치를 확인했던 신앙고백이 이제 교회분열의 요소가 되는 역사의 역전을 목격하게 된다. 이런 입장 차는 그만큼 신앙고백이 다양해지고 그 내용이 상세해지면서 그것에 동의하느냐 하지 않느냐 때문에 기독교인들의 자유가 제한당하고 교회가 분열되었기 때문에 생겨났다. 이제는 신앙고백으로 기독교인이 분열되는 부작용이 생겼던 것이다.

이런 갈등 때문에 토마스 캠벨은 1809년 5월 노회와 장로회의 권위를 인정하지 않겠다는 문서를 제출했다. 그와 동료들은 자신들이 펼치는 운동을 명확히 하기 위해 1809년 8월 워싱턴 그리스도인연합(Christian Association of Washington)을 조직하였다. 이것은 일 년에 두 번 모이는 모임으로 교회는 아니었다. 그런데 캠벨은 이 협회의 선례를 이미 아일랜드에

---

54) Donald M. Kinder, *History of the Restoration Movement*, 54.

토마스 캠벨

서 경험했는데 그것이 바로 얼스터 복음주의협회이다.55)

환원운동의 가장 유명한 문서인 "선언과 제언"은 이 모임의 헌장으로 만들어진 것이다. 이 문서의 중요성은 '그리스도의제자들'이 교회 시작 100주년의 기준으로 삼았다는 점에서도 드러난다. 한편으로 토마스 캠벨이 환원운동에 가장 큰 영향을 미친 것은 이 "선언과 제언"이라고도 말할 수 있다.56) 왜냐하면 그는 이 중요한 문서를 출판한 이후 환원운동의 후견인으로 남았기 때문이다.57) 이 문서를 발표할 당시에는 큰 주목을 받지 못했지만 에큐메니컬 운동사를 정리했던 라우즈(Ruth Rouse)와 닐(Stephen Neil)은 이 문서가 "미국 기독교 일치(Christianity unity)의 길에서 위대한 이정표 중의 하나"라고 썼다.58) 캠벨은 이 문서에서 교회일치를

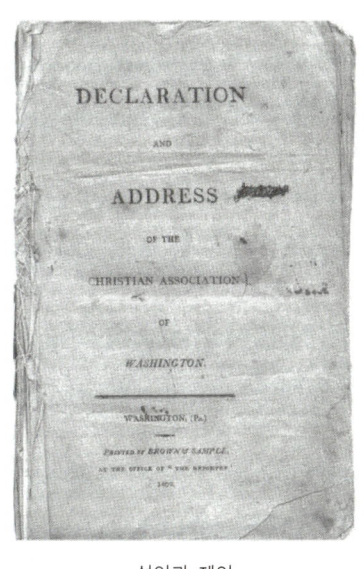

선언과 제언

---

55) James L. Gorman, *Among the early evangelicals*, 95.
56) 송훈, "미국 환원운동의 분열원인 연구: 환원운동의 미국주의적 한계를 중심으로,"(연세대학교 석사논문, 2004), 17; Henry E. Webb, *In Search of Christian Unity: A history of the Restoration movement* (Cincinnati: Standard Publishing, 1990), 77.
57) Eds. Douglas A. Foster 외, *The Encyclopedia of The Stone-Campbell Movement*, 138.
58) Eds. Ruth Rouse and Stephen Neil, *A History of the Ecumenical Movement Vol. 1: 1517-1948* (Geneva: WCC Publications, 2004), 237.

5 장

위해 신약성서에 근거한 원시교회를 회복해야 한다고 주장했다. 그는 교회분열을 악이라고 여기고 그리스도인의 일치를 추구하였다. 그는 신약성서는 기독교인들의 헌법(constitution)이라고 보았다.59)

"선언과 제언"은 13가지 제안으로 이루어져 있다. 이 문서의 핵심 목적은 기독교인의 일치를 증진하는 것이었다. 토마스 캠벨은 요한복음 17장을 근거로 기독교인의 일치를 주장했다. 그는 신약성서 교회를 모범으로 기독교인의 일치가 가능하다고 보았다. 그는 "선언과 제언"에서 "그(예수)가 죽음에 직면해서 한 명령, 즉 그리스도를 고백하는 사람들의 가시적 일치에 대한 마지막이자 열렬한 기도는 당신이 그 문제에 대해 무관심하도록 놔두지 않을 것이다"라고 말했다. 캠벨은 교회가 일률적으로 행해야 기독교인들의 일치가 생겨날 수 있다고 믿었다. "선언과 제언"을 요약한 말은 "성서가 말하는 데서 말하고 성서가 침묵하는 데서 침묵하자"이다.60) 토마스 캠벨은 본질적인 것은 성서에 명확하게 드러나 있다고 보았다. 또 추론에 의한 성서해석은 다른 사람의 양심을 얽맬 수 없으며, 기독교인의 친교의 조건이 될 수 없다고 생각했다. 그는 성경 말씀 전체를 가르치지 않거나 그 말씀 이상의 것을 가르치기 때문에 분열이 발생한다고 진단하였다. 그는 교회에 도움이 되는 요소들은 단지 도움이 될 뿐이지

---

59) Donald M. Kinder, *History of the Restoration Movement*, 66.
60) Donald M. Kinder, *History of the Restoration Movement*, 55.

구원에 필수적이지는 않다고 주장했다.61)

토마스 캠벨은 신약성서를 특히 강조했다. 그는 여전히 구약의 효용성을 인정했으나 기본적으로 구약은 구약의 교회를 위한 책이라고 생각했다. 그는 신약성서를 청사진으로 해서 일세기의 기독교를 당대에 만들어 내는 것을 사명으로 삼았다. 그리고 이를 교회의 연합과 연결했다. 그런 의미에서 토마스 캠벨의 환원운동은 역사 안에서 일어났던 다른 환원운동과 차별성이 있다. 곧 환원을 교회일치의 근거로 보았다는 점이다.62) 이처럼 그에게서 환원과 일치는 균형을 이루었다.

토마스 캠벨은 "본질에는 일치를, 비본질에는 자유를, 매사에는 사랑으로"(In essentials unity, in non-essentials liberty, in all things charity) 하자고 주장했다. 이는 16세기 독일 신학자 멜디니어스(Rupertus Meldinius, 1582-1651)가 한 말이다.63) 그러나 캠벨은 성서가 말하는 본질과 비본질이 무엇인지에 대해서 명확하게 말하지 않았다.64) 본질과 비본질에 대해 개인마다 견해차가 발생할 수 있는데 이에 대해서 캠벨은 성서가 분명하게 명한 것을 수용하고 추론이나 추측을 금하는 수준으로만 이야기했다. 그는 신약성서가 말하는 그 본

---

61) Michael W. Hines, *History of the American Restoration Movement*, 58-59.
62) Donald M. Kinder, *History of the Restoration Movement*, 66.
63) Michael W. Hines, *History of the American Restoration Movement*, 306, 315; Donald M. Kinder, *History of the Restoration Movement*, 67; 청교도 저술가인 리처드 백스터(Richard Baxter, 1615-1691)는 "필요한 일에는 통일을, 의심스러운 일에는 자유를, 모든 일에는 자비를"이라고 말했다. Alister McGrath, 『기독교, 그 위험한 사상의 역사』 박규태 역(서울: 국제제자훈련원, 2009), 325; 토마스 캠벨의 위 말을 마르코 안토니오 데 도미니스(Marco Antonio de Dominis, 1560-1624)가 라틴어로 "In necessariis unitas, in dubiis libertas, in omnibus caritas"라고 가장 먼저 말했다는 견해도 있다.
64) Richard Tristano, 『환원운동의 역사와 근원』, 125.

5 장

질에 일치를 이룬다는 것이 그리 간단한 문제가 아니라는 것을 곧 인식하였고 현실 교회에 적용하는 문제는 아들 알렉산더 캠벨에게 맡겨졌다.

교회일치와 성서 이해

유럽의 30년 전쟁(1618-1648)은 계몽주의를 태동시켰다. 종교전쟁으로 일반 백성들은 극도의 고통을 느꼈고 한편으로 종교에 대해 비판적인 생각이 증가하였다. 곧 종교가 무엇이기에 서로를 죽이는가, 종교가 그런 가치가 있는 것인가에 대한 의문이었다. 종교전쟁은 신앙이 아닌 이성의 시대를 열었다. 종교적 신앙은 전쟁을 불러오지만 이성은 이런 불화를 저지할 수 있다는 생각이 힘을 얻었다. 이 때문에 계몽주의가 등장하였다.[65] 종교전쟁의 결과 각 나라의 기독교 전통이 매우 다양해지고, 종교적인 관용이 점차 자리 잡으면서 결과적으로 사회가 다원화되었다.[66]

환원운동의 초기 지도자들은 로크[67]의 이성주의가 큰 영향을 주었던 시기에 태어났다. 토마스 캠벨은 글래스고대학교에서 철학적인 훈련을 받았는데 존 로크의 『기독교의 합리

---

65) Alister E. McGrath, 『기독교의 역사』 428-429.
66) 윤영휘, 『서양 근대교회사: 혁명의 시대와 그리스도교』 (서울: 홍성사, 2018), 32.
67) 존 로크에 대해서는 William C. Placher, 『기독교신학사』 박경수 역(서울: 크리스챤다이제스트, 1994), 323-326 참고.

토마스 캠벨

성』(*Reasonableness of Christianity*)과 『관용에 관한 시론』(*Essay on Toleration*)을 공부하였다. 로크는 우리의 모든 생각은 경험에서 오며 기독교는 합리적(reasonable)이라고 주장했다.68) 종교개혁 이후 성경은 빠르게 모든 개인에게 개방되었다. 그런데 종교개혁을 다른 한편에서 보면, 성경 해석의 다양성으로 인해 종교적 일치가 불가능한 시대가 도래했다는 의미이기도 했다. 로크는 종교분열과 분쟁을 막기 위한 일치의 방법론으로 모든 이성적인 사람들이 동의할 수 있는 본질적인 요소로 종교를 단순화시켜야 한다는 허버트(Lord Hebert of Cherbury, 1583-1648)의 제안을 수용하였다. 허버트는 성경에 대한 개인적인 해석이 분열을 촉진한다고 보았다. 그는 '자연'을 두 번째의 성경이라고 하면서 자연처럼 명확한 것에서 교회일치의 근거를 찾고자 하였다. 그는 자연법칙이나 자연의 도덕법은 명확한 것이라고 하면서 이런 본질에 근거한 이성의 종교를 주장했다. 반면 로크는 성경에서 예수의 메시아 되심과 그의 명확한 명령에 대한 순종을 본질적인 것으로 보았다. 또 본질적이지 않은 상황에 대해서는 관용해야 한다고 생각했다.69) 이런 로크의 생각은 토마스 캠벨에게 영향을 주었다.70) 토마스 캠벨은 허버트나 로크가 생각했던 것처럼 사람들이 동의할 수 있는 본질적인 것으로 교회를 하나로

---

68) Gary Holloway and Douglas A. Foster, *Renewing God's People: A Concise History of Churches of Christ* (Abilene: ACU Press, 2006), 18.
69) C. Leonard Allen and Richard T. Hughes, 『환원운동의 뿌리』, 117-121.
70) C. Leonard Allen and Richard T. Hughes, 『환원운동의 뿌리』, 121-124.

5 장

만들고자 하였다. 그는 초대교회의 회복을 주장한 청교도들의 환원사상과 본질적인 것으로 교회를 일치시키고자 했던 계몽주의의 흐름을 결합했다.

계몽주의는 교회일치를 위한 합리적인 공식뿐만 아니라 성경을 과학적 지침서이자 법, 청사진으로 이해하게끔 하였다. 계몽주의의 구체적인 유산은 상식철학이었다. 1750년에서 1850년까지 상식철학 실재주의라고 불리는 철학적 운동이 영어권 세계에 확산되었다. 마크 놀에 의하면 18세기 초 복음주의자들은 계몽주의를 수용하였고, 이런 경향은 오늘날 복음주의자들에게도 영향을 미치고 있다고 한다. 이러한 지적 성향 중 가장 중요한 것은 특정한 방식으로 객관적인 진리에 헌신하는 태도와 특정한 '과학적' 방법으로 성서에 접근하는 자세다.[71] 그렇다면 미국에서 스코틀랜드 계몽주의가 폭넓은 지지를 얻었던 이유는 무엇일까? 그것은 미국 혁명기의 혼란을 가라앉힐 수 있는 지적 토대를 제공해 주었기 때문이다. 토마스 캠벨과 알렉산더 캠벨도 이런 상식철학을 가지고 미국에 갔다. 미국에서 캠벨 부자는 스코틀랜드 철학에서 배운 경험적 방법론을 성서 이해에 적용한 첫 번째 사람들에 속했다. 이 방법론에 따르면 성경은 우리가 알 수 있는 사실들의 집합이고, 과학적으로 볼 수 있는 것이었다. 곧 이성적인 사람이라면 이 방법을 통해 객관적이고 편견 없는 사실적 결론에 도달할 수 있다는 것이다.[72] 성서 안에 포함된 사실을 조

---

71) Mark A. Noll, 『복음주의 지성의 스캔들』 박세혁 역(서울: IVP, 2010), 123.

토마스 캠벨

사하고, 재배치하여 귀납적으로 연구하면 일반적인 진리에 이를 수 있다는 확신이 환원운동가들의 성서 이해에 깊은 영향을 미쳤다.

환원운동의 설계자

토마스 캠벨은 90여 세를 살며 장수하였다. 그는 아들과 사상적 공감대를 형성하며 환원운동을 이끈 행복한 사람이기도 했다. 그는 알렉산더 캠벨의 스승이기도 하였다. 그는 알렉산더 캠벨이 환원운동을 전개할 수 있는 지적 토대를 어렸을 때부터 가르쳤고, 알렉산더가 장성한 후에도 이런 도움과 지도를 지속적으로 제공하였다. 그가 환원운동을 전개하는데 영향을 받은 두 물줄기를 확인할 수 있는데 하나는 복음주의이고, 또 다른 하나는 계몽주의이다. 캠벨은 아일랜드에 있으면서 얼스터 복음주의협회에서 활동하였고, 아일랜드 장로교회의 분열을 치유하기 위해 노력하였다. 특히 얼스터 복음주의협회가 가지고 있었던 신학은 교파를 넘어선 성서 중심의 원시적이고 그리스도 중심적인 것으로서 환원운동의 핵심을 이미 담고 있었다. 또한 캠벨은 글래스고대학교에서 공부하면서 계몽주의 철학을 공부하게 되었다. 그는 계몽주의 철학을 통

---

72) Donald M. Kinder, *History of the Restoration Movement*, 52; C. Leonard Allen and Richard T. Hughes, 『환원운동의 뿌리』, 127.

5 장

해 종교적 관용과 기독교인의 일치에 눈을 떴으며, 신약교회로의 환원을 통해 기독교인의 일치를 도모할 수 있다는 결론에 이르게 되었다. 캠벨은 신약교회의 회복과 교회일치를 분명하게 밝힌 "선언과 제언"을 작성하여 환원운동의 밑그림을 그렸고, 환원운동의 지향점이 신약교회의 회복과 교회일치가 되어야 함을 보여주었다. 그에게 환원운동은 이 두 가치가 균형을 이루고 있었다. 그런 점에서 토마스 캠벨을 환원운동의 설계자라고 평가해도 부족함이 없을 것이다.

6

History of the Restoration Movement

알렉산더 캠벨

미국에서 아버지와 재회하다
침례교회에서의 알렉산더 캠벨
여러 논쟁에 뛰어들다
환원운동의 건축가

알렉산더 캠벨

알렉산더 캠벨은 1788년 9월 12일 아일랜드 안트림 카운티에서 태어났다. 아버지는 토마스 캠벨, 어머니는 제인 코네이글(Jane Corneigle, 1764-1835)이었다. 토마스 캠벨이 환원운동에 남긴 가장 큰 공헌은 알렉산더를 낳았다는 점일 것이다. 그는 알렉산더의 교육과 훈련에 막대한 영향을 미쳤다.73) 알렉산더는 어렸을 때 운동을 좋아했으나 점차 학문에 관심을 가졌다. 그는 존 로크와 존 밀턴(John Milton, 1608-1674)에 큰 관심을 보였다. 이런 학문적 발판 때문에 알렉산더 캠벨은 훗날 노트 없이 2~3시간 동안의 강의나 연설에 전혀 어려움을 느끼지 않았다. 그는 뛰어난 연사여서 청중들은 시간이 얼마나 갔는지 잘 의식하지 못했다.

알렉산더 캠벨은 아버지가 청교도적으로 양육하여 매우 경건한 생활을 유지하였다. 그는 아침과 저녁에 가정 예배를 드렸다. 기도할 때는 무릎을 꿇고, 찬양할 때는 일어서야 한다고 생각할 정도로 보수적 경건을 갖고 있었다. 그는 앉아서 기도하는 것을 좋아하지 않았다. 알렉산더는 이성적이었다고 알려져 있지만 기도와 개인적 헌신에 열의를 보인 사람이었을 뿐만 아니라 큰 믿음과 따뜻함, 유머를 가지고 있었다. 그는 몸이 성령의 전임을 보다 심각하게 인식하게 되면서 노년에 담배를 끊었다.

알렉산더 캠벨의 부인은 마가렛 브라운(Margaret Brown)이

---

73) Eds. Douglas A. Foster 외, *The Encyclopedia of The Stone-Campbell Movement*, 142.

6 장

다. 그녀는 버지니아의 부유한 지주 브라운(John Brown)의 딸이었다. 그들은 1811년 3월 11일 결혼하여 8명의 자녀를 두었다. 알렉산더 캠벨은 경제적으로 부유했으며 사업 수단도 뛰어났다. 장인이 물려준 땅 140에이커는 1,500에이커가 되었다. 그는 그 땅에 아일랜드에서 수입한 메리노 양을 사육하여 이윤을 남겼다. 두 번째 부인은 셀레나(Selena, 1802-1897)로서 그녀와의 사이에 6명의 자녀를 두었다. 알렉산더는 거의 20만 달러의 재산을 남겼는데 이것이 두 번째 부인을 통해 이루어진 가족에게 편중되면서 가족 간 법적 분쟁이 발생하기도 하였다. 한편 알렉산더 캠벨은 삶에서 적지 않은 고통을 겪었다. 그는 첫 아내를 잃었고 10명의 자녀를 자신보다 먼저 하나님 곁으로 보냈다. 그중에서도 10살밖에 안 된 위클리프(Wickliffe)의 죽음은 더욱 큰 고통으로 남았다.

미국에서 아버지와 재회하다

1808년 10월 1일 토요일에 알렉산더 캠벨은 아버지의 요청대로 미국으로 가는 배에 올랐다. 그는 항해 도중 풍랑을 만나 죽을뻔하였다. 그는 이 위기에서 살아난다면 선교를 위해 평생을 바치겠다고 서원하였다.[74] 이런 예기치 않은 재해는

---

74) 이 풍랑에 대한 기록은 알렉산더 캠벨의 일기에서 찾아볼 수 있다. 이 일기는 오스트레일리아로 이민을 간 그의 증손녀에 의해 폐기되기 직전 극적으로 살아남아 1963년에야 세상에 알려진다. Donald M. Kinder, *History of the Restoration Movement*, 61.

알렉산더 캠벨

그의 지성과 영성 형성에 매우 중요한 계기가 되었다. 곧 이 풍랑 때문에 알렉산더는 스코틀랜드의 글래스고대학교에서 공부할 기회를 얻었다. 당시 글래스고는 114,000명이 사는 큰 도시였고 대학에는 1,500명의 학생이 있었다.

폭풍우로 배 사고를 당했을 때 후원자 중의 한 명이 알렉산더에게 그레빌 어윙(Greville Ewing, 1767-1841)을 소개해 주었다. 어윙은 알렉산더의 가족이 짐을 풀고 그가 글래스고 대학교에서 공부할 수 있도록 도왔다. 알렉산더는 1808년 11월부터 1809년 5월까지 이 대학에서 공부했다. 그는 조지 자딘(George Jardine)에게서 토마스 리드(Thomas Reid, 1710-1796)의 스코틀랜드 상식철학을 배웠고, 제임스 홀데인(James Haldane, 1768-1851)과 로버트 홀데인(Robert Haldane, 1764-1842)이 이끌었던 종교적 개혁운동의 지도자인 그레빌 어윙의 영향을 받았다.[75] 어윙은 스코틀랜드 선교의 초기 건축자이자 1790년대 교파 협력적 선교의 가장 영향력 있는 지도자였다. 그는 1796년 에딘버러선교회(Edinburgh Missionary Society)의 설립을 지원하고 「선교사 매거진」(*The Missionary Magazine*)을 발행하는 등 교파 협력적인 선교를 이끌었다. 그의 선교 활동은 종말론에 의해 동기부여 되었는데 그는 선교에서 원시 기독교에 기초한 교파적 협력을 열렬하게 지지하였다.[76] 알렉산더가 글래스고에 머물 때 가장 큰

---

75) Eds. D. Newell Williams 외, *The Stone-Campbell Movement: A Global History*, 20-21.
76) James L. Gorman, *Among the early evangelicals*, 129-130.

6 장

영향을 미친 인물이 바로 이 어윙이었을 것이다. 특히 비교파주의(nondenominationalsim)에 대한 명분은 그가 알렉산더에게 남긴 흔적이었다. 알렉산더는 장로주의보다 회중주의가 더 낫다고 생각하게 되었다. 알렉산더는 어윙과 그와 관계된 이들과의 친밀한 만남을 통해 복음주의 선교에 노출되었고 이것이 미국에서 그의 사역을 결정하였다. 어윙과 할데인 형제는 환원사상뿐만 아니라 복음전도를 위해서는 단순한 복음주의적 기독교를 상호교파적으로 증진해야 한다는 것을 일깨워주었다. 이들의 사상은 알렉산더의 사역에 초석을 놓았다. 이처럼 캠벨 부자는 당시의 복음주의 선교 열정의 물결을 탔다. 그것은 차이점을 최소화하고 원시적이고 단순한 복음주의적 복음을 전하는데 다른 사람과 협력해야 한다는 것이었다.77)

알렉산더 캠벨은 미국으로 떠나기 직전 반서약파 소속 분리교회에 갔으나 끝내 성찬에 참여하지 않았다. 이것은 장로교회와의 단절을 의미하는 상징적 행동으로, 교파분열 극복과 기독교 개혁에 대한 결심의 표현이었다.78) 이 사건은 알렉산더 캠벨의 개혁운동에서 첫 번째 전환점이다. 알렉산더 캠벨은 1809년 9월 29일 뉴욕에 도착하였고 바로 필라델피아로 떠났다. 알렉산더 일행은 토마스 캠벨을 10월 19일에 만났다. 알렉산더는 아버지 토마스의 "선언과 제언"을 살펴보고 그 문서가 표현하고 있는 이상을 따르기로 결심하였다. 알렉산더

---

77) James L. Gorman, *Among the early evangelicals*, 148-151.
78) Eds. D. Newell Williams 외, *The Stone-Campbell Movement: A Global History*, 21.

알렉산더 캠벨

가 대서양을 사이에 두고 신약교회의 회복이라는 사상에 깊이 공감하게 되었기 때문이다.

알렉산더 캠벨은 미국에 도착한 그해 12월 마지막 날에 앞으로 펼쳐질 자신의 사역을 위해 하루 일과표를 다음과 같이 작성하였다. 그 일과표는 성경난외주석 30분 읽기, 스콧 가족성경(Scott's Family Bible) 2시간씩 읽기, 히브리어·그리스어·라틴어 각각 30분씩 공부하기, 시와 철학 각각 30분씩 공부하기, 작문 2시간 공부하기로 짜여 있었다.[79] 하루에 7시간을 성경 읽기와 작문 같은 설교 준비에 사용하겠다는 뜻이었다. 훗날 바쁜 일정으로 이를 4시간 반으로 줄이기는 했지만 그가 얼마나 목회의 기본적인 준비를 중시했는지 알 수 있다.

토마스 캠벨은 분리교회보다 더 포괄적인 미국 장로교회(PCUSA)에 가입하려는 청원이 좌절되자 1811년 5월 워싱턴 그리스도인연합을 하나의 교회로 조직하였다. 이것이 바로 브러쉬런교회(Brush Run Church)이다.[80] 그는 1812년 새해에 아들 알렉산더를 목사(minister)로 안수하였다. 토마스와 알렉산더는 신약성서만을 이 교회의 헌법으로 삼고 신앙고백을 따로 두지 않기로 하였다. 브러쉬런교회는 회중교회로서 침례를 행하고 매주 성찬을 하였다. 이 때문에 이웃 장로교회로부터

---

79) Donald M. Kinder, *Capturing Head & Heart: The Lives of Early Popular Stone-Campbell Movement Leaders* (Abilene: Leafwood, 2012), 35; Donald M. Kinder, *History of the Restoration Movement*, 59에 또 다른 설명도 있다. 약간의 시간 차이가 있지만 여기에서도 시간을 정해 공부했던 알렉산더의 모습이 잘 나타나 있고, "그는 자기 스스로 공부하는 엄격한 학자였다"고 평가하고 있다.

80) 브러쉬런교회는 웨스트 버지니아의 베다니(Bethany)에 있었다. 지금 이 교회는 존재하지 않고 표지석만 남아있다. 이 교회 근처에 알렉산더 캠벨은 베다니대학(Bethany College)을 세웠다.

6 장

개혁자들(reformers)이라고 비판을 받기도 하였다. 브러쉬런교회가 침례를 베풀게 된 이유는 다음과 같았다.

침례교회에서의 알렉산더 캠벨

브러쉬런교회를 도우면서 알렉산더는 유아세례 문제에 직면하였다. 그 이유는 첫 딸 제인(Jane)이 태어났고, 딸에게 세례를 베풀어야 하는지가 현안이 되었기 때문이다. 알렉산더는 자신이 받은 유아세례에 대해 재고하기 시작했고 결국 침례를 받기로 결심하였다. 아들의 생각에 아버지도 동의하였다. 1812년 6월 캠벨 부자를 비롯해 모두 7명이 침례교 목사 마티아스 루스(Matthias Luce)에게 세례를 받았다. 침례에 동의할 수 없었던 교인 일부는 교회를 떠났다. 아들의 침례 제안을 아버지가 수용했다는 것은 환원운동이 알렉산더 캠벨을 중심으로 전개되기 시작했다는 뜻이다.[81] 이제 개혁운동의 주도권이 알렉산더에게 넘어갔다. 침례 수용과 유아세례 반대는 알렉산더 캠벨과 침례교의 사이를 더 가깝게 했다. 그는 1812년부터 침례교와 관계를 맺었으며[82] 브러쉬런교회는 1815년 레드스톤침례교연합(Redstone Baptist Association)에 가입하였다.[83]

---

81) Richard Tristano, 『환원운동의 역사와 근원』, 136.
82) James L. Gorman, *Among the early evangelicals*, 190-191.
83) Gary Holloway and Douglas A. Foster, *Renewing God's People: A Concise History of Churches*

알렉산더 캠벨

알렉산더는 레드스톤연합에서 침례를 옹호함으로써 지지를 받았다. 그러나 1816년 9월 1일 "율법에 대한 설교"(Sermon on the Law) 때문에 침례교인과 긴장이 생겼다. 그는 이 설교에서 모세의 율법을 기독교인의 실천 규칙으로 받아들이는 청교도 계약신학을 거부하고 새 언약이 교회의 규정으로 주어진 것과 같이 율법은 이스라엘만을 위해 주어진 법이라고 주장했다. 따라서 예배의 형식, 전례, 훈련, 교회의 조직은 오직 신약성서만을 통해서 이루어져야 한다고 주장했다.84) 즉 교회의 모범은 구약성서가 아닌 신약성서가 되어야 한다고 보았다. 그는 비성서적인 것으로 여겼던 유아세례, 유급 설교자에 대한 십일조, 만찬 준비를 위한 금식, 그리고 여러 구약에 기반한 행위들을 반대하고, 신약성서 중심의 개혁을 추진하기 위해서는 신약과 구약의 명확한 구분이 중요하다고 생각했다.85) 이 갈등 때문에 1823년 알렉산더는 마호닝침례교연합(Mahoning

알렉산더 캠벨의 초상이다.

---

of Christ, 47.
84) 함동수. "캠벨, 윌리스, 브루어의 교회일치관 비교연구." 「복음과 교회」 제13집(2010), 42.
85) Douglas A. Foster, *A Life of Alexander Campbell* (Grand Rapids: Eerdmans, 2020), 62-63. 알렉산더 캠벨의 "율법에 관한 설교"는 기준서 역, 『환원운동의 3대 문서』(서울: 그리스도대학교 출판국, 2002), 165-193을 참조하라.

6 장

Baptist Association)으로 옮겨갔다. 한편으로 침례교와의 갈등은 알렉산더가 독자적인 개혁운동을 할 수 있는 계기가 되었다.

알렉산더는 1823년 「그리스도인 침례자」(*Christian Baptist*)를 창간했다. 사실 이 잡지는 장로교 목사 존 워커(John Walker)와의 논쟁에서 거둔 성공에 고무된 결과였다. 즉 논쟁을 다룬 출판물이 큰 인기를 끌자 잡지를 발행하기로 결심했던 것이다. 알렉산더 캠벨은 인쇄물의 가치를 높이 평가하였다. 그가 베다니 마을의 우체국장이었기 때문에 잡지의 배송비는 무료였다. 그는 「그리스도인 침례자」(1823-1830)를 7년 동안, 「천년왕국의 선구자」(*Millennial Harbinger*)를 1866년 사망할 때까지 약 40년 동안 발행하면서 개혁의 정당성을 주장하였다. 「그리스도인 침례자」는 초대교회의 일치와 신약성서의 기독교를 회복하는 데 방해가 되는 모든 관행을 비판했다. 이 잡지는 신앙조항과 실천(예배의식)을 초대교회로 되돌리고, 기독교인이 일치를 이루어야 한다고 주장했고, 성직자(clergy), 신앙고백, 조직(organizations)을 비판하였다. 알렉산더는 이것들이 교회분열을 일으키는 원인이 된다고 생각했다. 그는 또 환원(restoration)과 개혁(reformation)의 차이점을 강조하였다. 그는 진정한 기독교는 개혁되는 것이 아니라 오직 회복되는 것이라고 주장했다. 당시 그에게는 우상파괴자적인(iconoclastic) 모습이 두드러졌다. 그는 「천년왕국의 선구자」에서도 초기 교회의 회복을 통한 기독교인의 일

알렉산더 캠벨

치를 주장하였다. 그는 평화와 의의 천년 통치가 멀지 않았으며 미국의 하나 된 교회가 그 중심이 될 것이라고 믿어 자신의 운동을 천년왕국의 선구자라고 생각하였다.

알렉산더는 점차 세례가 하나님이 죄를 용서하는 자리라고 이해하기 시작했다. 이런 생각은 캠벨과 침례교의 사이를 더욱 벌려 놓았다. 알렉산더가 침례교에서 나온 때는 1830년이었다. 알렉산더 캠벨은 1835년 『피센던 백과사전』(*Fessenden Encyclopedia*)에 "그리스도의제자들" (the Disciples of Christ)이라는 항목을 썼다. 그는 환원운동이 발생한 이유와 목적, 그리고 이 '제자들'의 신앙관을 간략하게 밝혔다. 여기에서는 교회의 일치보다 환원이 더 강조되고 있다.86)

여러 논쟁에 뛰어들다

알렉산더 캠벨은 당시의 대중적 미디어, 즉 공개토론과 저널리즘을 통해 자신의 사상을 확산시켰다. 그는 인쇄물의 가치를 높이 평가하였으며 논쟁을 통해 환원운동의 정당성을 보여주고자 하였다. 이를 통해 자신의 개혁사상도 발전시켜 갔다. 교회의 분위기가 매우 감정적이었던 당시 이런 지적 토론은 신앙에 균형을 맞추어주는 긍정적 요소가 있었다. 한번

---

86) Donald M. Kinder, *History of the Restoration Movement*, 103-107.

6 장

논쟁이 벌어지면 7~9일 동안 진행되었는데 이런 토론은 당시 미국인에게 하나의 놀이 문화와 같았다. 논쟁의 내용은 신문에 보도되었으며 책으로 출판되었다.

장로교 목사 존 워커와 유아세례에 대해 논쟁(1820)하다.
알렉산더 캠벨이 침례교 시절에 했던 논쟁이다. 당시 장로교는 침례교회에 신자들을 상당수 빼앗기고 있었다. 이에 장로교 목사 존 워커가 침례교 목사를 도발했지만, 마땅히 나설 사람이 없었다. 그것은 침례교회 안에 장로교회보다 제대로 교육받은 이가 드물었던 이유도 있었다. 그래서 알렉산더가 나서게 되었다. 곧 그는 부득이하게 논쟁에 참여하게 되었던 것이다. 이 논쟁에서 워커는 할례와 세례의 연속성을 주장했다. 반면 알렉산더는 할례와 세례의 차이점을 강조하였고 가족 세례에 유아가 포함되었다는 주장을 반박하였다.

장로교 목사 윌리엄 맥칼라(William Maccalla)와 유아세례에 대해 논쟁(1823)하다
첫 번째 논쟁의 성공으로 알렉산더 캠벨은 자신감을 얻었다. 그는 더 강하고 유명한 사람과 논쟁하기를 원했다. 왜냐하면 논쟁에 대한 출판물이 엄청난 반응을 불러왔기 때문이다. 「그리스도인 침례자」라는 잡지 발행도 이런 성공에 고무된 결과였다. 유아세례에 대

해 비판하면서 캠벨은 세례에 대한 견해를 보다 발전시켰다. 특히 이 논쟁에서 알렉산더는 처음으로 죄 용서로서의 침례를 주장했다. 그의 입장은 침례가 죄사함을 확증한다는 것이었다. 이 두 토론을 통해 알렉산더는 토론이 거의 1년 치의 설교와 맞먹는 가치가 있다고 확신하게 되었다. 그의 생각처럼 토론은 개혁의 대의를 전파하는데 크게 기여하였다.

로버트 오웬(Robert Owen)과 논쟁(1829)하다

알렉산더는 오웬과의 논쟁을 통해 유럽 자유사상에 맞선 기독교의 대변자 역할을 하였으며 이 논쟁으로 전국적인 명성을 얻는 계기를 마련하였다. 오웬은 스코틀랜드의 뛰어난 사회학자인 동시에 회의론자이자 불가지론자였다. 그는 종교에 매우 비판적이었고 미국에 이상사회를 건설하려고 하였다. 오웬이 자신은 죽음을 두려워하지 않는다고 하자 캠벨은 근처에 서 있는 소를 가리키며 "당신은 저 짐승의 수준에 지나지 않는다."고 응수했다. 이 논쟁에서 캠벨은 매우 종교적인 질문을 던졌다. 그는 사후의 삶에 대한 희망이 없다면 이 세상의 삶은 행복할 수 없으며, 하나님에 대한 우리의 기본적인 개념은 상상이 아니라 계시를 통해 온 것이라고 주장하였다.

6 장

가톨릭 주교 존 퍼셀(John B. Purcell)과 논쟁(1837)하다

알렉산더 캠벨은 신시내티의 가톨릭 주교인 퍼셀과의 논쟁에서 개신교의 대변자 역할을 했다는 평가를 받고 있다.[87] 알렉산더의 비판에는 지금 한국 개신교인에게도 익숙한 반가톨릭적 정서가 강하게 나타난다. 알렉산더는 당시 미국적 정서에 호소하였다. 즉 가톨릭교회가 비미국적이고 비민주적이라는 것이다. 반면 퍼셀은 개신교가 분리주의적이라고 비판했다. 이에 맞서 캠벨은 사도적 연속성을 주장했다. 사실 이 논쟁은 알렉산더 캠벨의 명확한 승리라고 말하기 어려웠다. 왜냐하면 알렉산더가 자신이 인용한 주장의 근거를 토론장에서 정확하게 제시하지 못했기 때문이다. 퍼셀은 영리한 주교였는데 알렉산더는 그를 얕잡아 본 것 같다.

장로교 목사 라이스(N. L. Rice)와 침례 및 유아세례에 대해 논쟁(1843)하다

이 논쟁은 침례를 주로 다루었으나 성령의 역할과 신앙고백의 권위 문제도 포함되었다. 장로교 목사 라이스는 상트르대학(Centre College)을 졸업하고 프린스

---

[87] 당시 환원운동이 프로테스탄트의 주류가 아니었기에 이 주장은 재고가 필요하다는 견해도 있다. Richard Tristano, 『환원운동의 역사와 근원』, 150.

알렉산더 캠벨

턴신학교에서도 공부한 학구적인 목회자였다. 이 논쟁은 어느 누가 확실히 이겼다고 장담할 수 없었다. 단 장로교회에서는 자신들이 논쟁에서 승리했다며 출판물을 활발하게 유통시켰으나 그 책을 읽은 많은 사람은 오히려 알렉산더 캠벨 측의 교회를 찾았다. 결국 장로교회에서는 출판을 중지하고 말았다. 알렉산더는 워커와 맥칼라와의 논쟁에서 침례교회를 대변했고, 오웬과의 논쟁에서는 기독교를, 퍼셀과의 논쟁에서는 개신교를 대변했다면 라이스와의 논쟁에서는 스톤-캠벨운동을 정면에서 대변하였다.[88]

환원운동의 건축가

알렉산더 캠벨은 천년왕국이 세상의 모든 민족이 우리의 왕 되신 그리스도의 왕국이 되는 기간이며 그들은 모두 주님의 통치에 복종하고 왕국의 은혜와 기쁨을 누리게 될 것이라고 보았다. 그는 결국 기독교는 승리할 것이고 그리스도의 영향력은 전 세계에 확산될 것이라고 확신하였다. 알렉산더는 기독교 신앙이 황금시대(golden age)의 문턱에 와 있기에 모든 종파가 사라지고 기독교인들이 전에 없었던 부흥을 하여 교회의 위대한 시대가 펼쳐질 것으로 기대하였다. 그때 예수

---

88) Michael W. Hines, *History of the American Restoration Movement*, 115.

6 장

가 온다는 것이다. 그는 천년왕국을 오게 하는 사역의 중심에 미국이 있다고 믿었다. 이런 종말론을 보면 그가 후천년주의자였음을 알 수 있다. 후천년주의는 교회가 천년왕국을 이루는 쪽으로 점진적으로 나아가며, 교회가 현시대 속에서 점진적으로 진군하다가 마지막에 이르러 확실하게 승리할 것이라고 본다. 후천년주의에서 종말은 교회가 그리스도와 함께 승리하는 점진적인 개선이다.[89] 후천년주의는 인류 역사의 전개를 낙관적으로 보는 경향이 강하고, 교회의 사명을 강조하며, 천년왕국을 위해 기독교인들이 전도하고, 세상의 악을 제거해 나가야 한다고 본다. 알렉산더 캠벨은 교파주의를 이러한 기독교의 승리와 확장을 방해하는 것으로 보았다. 따라서 그에게 천년왕국을 세우는 유일한 길은 오직 신약교회를 회복하는 것이며 그 과정은 모든 형태의 분파주의를 극복하는 것이었다.[90]

알렉산더는 성공적인 세계 복음화는 기독교인의 연합에 달려 있다고 믿었다. 그래서 그에게 기독교인의 일치는 복음전도와 긴밀하게 연결되었다. 환원운동을 신자들이 각 교파에서 나오게 하는 운동으로 생각해서는 안 되는 이유다. 그는 교파의 병합을 통해 일치를 이룰 수 있다고 보지 않았다. 일치는 각 개인이 성서의 가르침에 복종할 때 가능한 것이었다.

알렉산더 캠벨은 사도적 공동체를 이성적이고도 체계적으

---

89) Kenneth L. Gentry Jr. 외 2인, 『천년왕국이란 무엇인가: 천년왕국에 대한 세 가지 관점』 박승민 역(서울: 부흥과개혁사, 2011), 433.
90) 함동수, "캠벨, 월리스, 브루어의 교회일치관 비교연구," 44-45.

알렉산더 캠벨

로 재구성하였다. 이는 기독교의 본질과 비본질을 구분했다는 뜻이다. 그는 성스러운 입맞춤, 여자 집사, 공동생활, 세족, 여타 은사적인 행위는 비본질적인 것으로 보았다. 반면 개교회의 자치, 2인 이상의 장로제, 매주 성찬, 침례, 단순한 예배를 본질적인 것으로 보았다.91) 그는 성경의 권위를 선포하고, 장로가 치리하는 교회, 무신조주의(non-credalism), 신자의 침례, 성찬의 매주 시행, 지역 회중의 목회자 임명권을 진척시켰다.92) 그렇다면 그가 신약교회의 본질과 비본질로 구분했던 기준은 무엇이었을까? 그는 신약교회의 특정 행위나 실천들이 모든 교회에 보이는 하나님의 패턴인가, 아니면 단순히 당시의 문화적 혹은 상황적인 것인가를 그 기준으로 삼았다. 그는 예루살렘교회의 공동생활은 다른 교회에서는 보이지 않는 패턴이라 본질로 보지 않았다.93) 그는 발톤 스톤이 가지고 있지 않았던 체계적인 이론을 제공함으로써 스톤을 능가하는 지도자로 부상했다.94)

알렉산더 캠벨은 발톤 스톤과 마찬가지로 기존에 자신들이 물려받은 신앙전통과 교리에 대해 성경 안에서 철저히 다시 검증하려고 하였다. 유럽의 국가교회 형태에서는 이런 길은 쉽게 선택할 수 없는 것이었으나 미국이라는 새로운 개척지에서는 모든 것을 새롭게 성서로 재검토하는 분위기를 가능

---

91) Douglas A. Foster, 『한 시간에 독파하는 환원운동사 이야기』 전인수 역(서울: 쿰란, 2015), 24-25; C. Leonard Allen and Richard T. Hughes, 『환원운동의 뿌리』, 157.
92) Timothy Larsen 편집, 『복음주의 인물사』 이재근·송훈 역(서울: CLC, 2018), 369.
93) Donald M. Kinder, *History of the Restoration Movement*, 70.
94) C. Leonard Allen and Richard T. Hughes, 『환원운동의 뿌리』, 158.

6 장

하게 해주었다. 미국은 유럽 전통으로 둘러싸인 기독교를 떠나 신약성서의 본질을 추구하는 환원운동에 가장 적합한 장소가 되었다. 미국은 유럽의 기독교를 벗어나 기독교 신앙과 미국의 자유적인 측면을 조화시킬 수 있도록 해주었고, 이 땅에서의 천년왕국을 진척시킬 수 있다는 인식을 심어주었다.[95] 우리가 알렉산더에게서 배워야 하는 점은 끊임없이 성서 안에서 묻고 답을 찾아가는 과정 그 자체이다. 우리 안에 전통으로 굳어진 교리까지도 성서 안에서 굳건한 토대를 발견할 수 있는지 숙고하고 또 숙고해야 한다는 것이다. 그는 아버지 토마스 캠벨이 말했던 대원칙, 즉 성경이 말하는 것과 침묵하는 것이 무엇인지 구체적으로 제시했던 인물이었다는 점에서 환원운동의 건축가로 평가할 수 있을 것이다.

---

95) Mark A. Noll, *The old religion in a new world*, 4-5.

7

History of the Restoration Movement

월터 스캇

'황금 말씀'을 전하는 자
'다섯 손가락' 전도

월터 스캇

'황금 말씀'을 전하는 자

월터 스캇(Walter Scott, 1796-1861)은 환원운동가의 삼인방에는 들어가지 못하지만 사인방(Big Four) 중 한 명으로 평가 받고 있다. 그는 어떤 새로운 이론을 세운 인물이라기보다는 교회성장, 곧 복음 전도자와 설교자로서 크게 공헌하였다.

월터 스캇은 1796년 10월 31일 스코틀랜드에서 출생하였다. 그는 음악 선생이었던 아버지의 영향으로 어렸을 때부터 음악적 재능이 상당했다. 또 십 대 때 이미 다른 사람에 대한 동정심이 남달랐다. 그가 다리에서 구걸하는 거지에게 줄 돈이 없자 그의 옆에서 노래를 불러 돈을 모금해 주었다는 유명한 일화가 있다.96) 이런 음악적 재능 때문인지 스캇은 전도 사역에 음악이 늘 동반되어야 한다고 생각했다. 그래서 윌리엄 헤이든(William Hayden)이라는 찬양 전도자와 함께 자주 여행하였다. 스캇은 세속음악을 잘 발전시켜서 찬송가에 힘과 감정, 진보적 사상을 담아야 한다고 생각하였다. 그는 시인이었기에 평생에 걸쳐 시를 썼다.97)

월터 스캇은 에든버러대학교(University of Edinburgh)를 졸업한 것으로 생각된다. 그는 1818년 외삼촌의 초청으로 미국에 이민을 왔다. 그는 이듬해 피츠버그에서 조지 포레스터

---

96) Donald M. Kinder, *Capturing Head & Heart*, 88.
97) Donald M. Kinder, *Capturing Head & Heart*, 105-106.

7 장

(George Forrester)를 만나게 되는데 그에게서 많은 영향을 받았다. 침례교인이었던 포레스터는 성경에 나온 바를 문자적으로 지켜 침례, 거룩한 입맞춤, 세족식을 행하고 있었다. 그는 포레스터에게 침례를 받았다. 1820년 포레스터가 앨러게이니 강에서 익사하는 사고를 당하자 스캇은 그가 운영하는 학교와 교회를 맡게 되었다.

월터 스캇의 초상이다.

월터 스캇

스캇이 알렉산더를 만난 것은 1822년 겨울이었다. 스캇은 이후 알렉산더를 마틴 루터로, 자신은 그의 친구인 멜란히톤(Philipp Melanchthon, 1497-1560)처럼 여겼다. 스캇은 1827년부터 마호닝침례교연합에서 전도자로 일하였다. 이는 알렉산더의 제안 덕분이었다. 그는 성장하지 않는 교회를 부흥시킬 전도자로 선택된 것이었다. 스캇은 교회가 없는 사람들에게 말씀을 전할 국내 선교사라 할 수 있었다.98)

스캇의 설교는 매우 선명하고 단순했다. 그는 초대교회처럼 설교할 수는 없을까를 고민하였다. 그는 기독교 신앙과 성경의 핵심이 "예수 그리스도는 하나님의 아들이며 메시아이다"라고 생각했다. 그는 이 메시지를 '황금 말씀'(Golden Oracle)이라고 불렀는데, 그것이 스캇의 별명이 되었다. 그는 하나님의 말씀을 전하는 예수 그리스도의 대변인이라는 이름을 얻었던 것이다.

스캇은 초대교회처럼 설교 중에 믿는 자는 즉시 세례를 받으라고 권면했다. 이것은 글자 그대로 하나의 실험이었다. 왜냐하면 초대교회를 제외하고 복음을 전하고 바로 세례로 초청하는 시도가 없었기 때문이다. 스톤-캠벨운동에서도 이런 시도는 스캇이 처음이었다. 캠벨 부자도 침례를 받은 이후 15년 동안 극소수의 사람에게만 세례를 주었다. 스캇의 첫 열매는 1827년 11월 18일 오하이오 뉴리스본의 한 침례교회에서 맺혔다. 죄 용서의 세례를 받으라는 스캇의 설교에 장로교 출

---
98) James L. Gorman, *Among the early evangelicals*, 204.

7 장

신의 사업가 아멘드(Willam Amend)가 반응했다. 당시 성서 본문은 "시몬 베드로가 대답하여 이르되 주는 그리스도시요 살아 계신 하나님의 아들이시니이다"(마 16:16)와 "베드로가 이르되 너희가 회개하여 각각 예수 그리스도의 이름으로 세례를 받고 죄 사함을 받으라 그리하면 성령의 선물을 받으리니"(행 2:38)였다. 아멘드는 오랫동안 자신에게 세례를 줄 사람을 찾고 있었다. 그는 이날 큰 기대 없이 교회 밖에 있었고 설교의 마지막 5분만 경청하였다. 그러나 그 5분은 충분한 시간이었다. 그는 세례를 받겠다며 스캇이 서 있는 강단 앞으로 나갔다. 이후 스캇은 3년 동안 매해 천 명에게 세례를 주었다.

'다섯 손가락' 전도

스캇은 '다섯 손가락' 전도(Five Finger Exercise)라는 5단계 복음전도 방법을 개발하였다. 그는 어린아이들에게 손가락을 하나하나 펼쳐 보이면서 믿음, 회개, 세례, 죄의 용서, 성령의 선물을 반복적으로 가르쳤다. 그리고 이것을 집에 돌아가서 아이들의 부모들에게 다시 전하게 했다. 그는 아이들에게 아빠나 엄마가 이에 대해서 더 자세히 알기 원한다면 근처 교회에서 설교하는 자신을 찾아오라고 권면하도록 했다. 이 방법은 큰 효과가 있었다.

월터 스캇

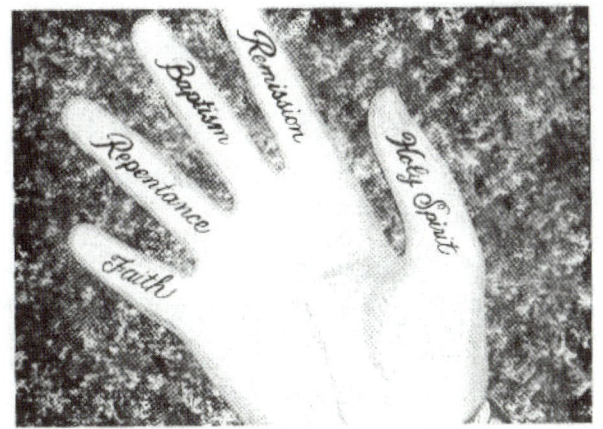

'다섯 손가락' 전도

믿음 : "예수님은 그리스도다" 라는 명제를 믿는 것이다.

회개 : 믿음이 진실하다면 죄의 회개는 자동적(automatically)이며, 필연적(logically)이다.

침례 : 하나님의 명령에 대한 순종이며 약속의 완성이다.

죄의 용서, 성령의 선물, 구원은 하나님이 하시는 일이다.

7 장

스캇은 이처럼 "심각한 신학을 어린아이들도 복음의 증인이 될 방법으로 표현" 해 주었다.[99] 스캇은 환원운동에서 효과적인 전도 방법을 제시하였다.[100] 이것은 알렉산더 캠벨의 사상을 월터 스캇이 단순화한 것으로, 믿음에 대한 이성적인 확신으로 구원에 나아가는 전혀 새로운 방법이었다. 알렉산더 캠벨은 스캇의 전도방법을 인정하였다.

스캇은 "어떻게 기독교인이 되는가?"란 난해한 질문에 대해 "예수는 그리스도이시다"라는 고백을 하고 세례를 받으라고 대답하였다. 그는 믿음, 회개, 세례, 성령, 영생이라는 구원의 길을 제시했다. 이것은 미국 서부의 부흥운동에서 제시하는 회심 패턴과는 아주 달랐다. 당시 서부 개척지에서는 칼뱅주의 신학이 보편화 되어 있어서 개인의 구원에 성령의 역사가 임하기를 기다리는 것이 일반적인 모습이었다. 그러나 스캇은 회심하기 위해 신앙적 체험을 기다리기보다 복음에 먼저 순종하라며 청중의 결단을 촉구했다. 이런 방식은 예정론으로 자신의 구원에 대해 확신을 갖지 못한 이들에게 매우 효과적이었다.

---

99) 정남수 한국어판 총괄편집자, 『그리스도의교회들 운동 대사전』, 148.
100) 미국 제2차 대각성운동의 중심인물은 찰스 피니이다. 찰스 피니는 1821년 극적인 회심을 체험했고, 1825~1826년 사이 19세기 영어권 세계의 주도적인 부흥사가 되었다. 피니는 19세기 미국에서 가장 유명인사 중 한 명으로서 조나단 에드워즈 이후 미국 백인 복음주의의 중심인물이었다. 그가 명성을 얻었던 1820~1830년대는 알렉산더 캠벨과 월터 스캇의 활동기와 겹친다. 피니는 집회에서 신자가 더 자발적으로 반응하도록 격려하였다. 오늘날 부흥회에도 존재하는 설교 후 '초청'은 피니가 사용하였던 '열망의 좌석'이 그 뿌리로 보인다. 감리교 천막집회에서는 애통자석(Mourners bench)에 나오라고 초청하였다. 반면 1827년 월터 스캇은 설교 후 세례 초청을 시작하였다. 열망의 좌석, 애통자석, 세례 초청은 그리스도를 영접하는 방식에서 유사해 보인다. 피니의 사역에 대해서는 John Wolffe, 『복음주의 확장』, 93-103 참조.

월터 스캇

스캇의 설교는 지성에 호소하였다. 그래서 영적인 부분에 대한 관심이 부족하다는 비판을 받기도 하였다. 그러나 스캇만큼 단순하고, 쉽고, 확신 있는 설교를 하는 사람도 드물었다. 그는 성경의 논리가 일단 이해되었다 싶으면 더 깊은 지점, 곧 가슴으로까지 이것을 몰아갔다. 그는 설교할 때 예기치 않은 상황에도 적절하게 반응하였다. '두꺼비 날려 보내기'(Toad Sky High)라는 일화가 유명하다. 어느 날 그가 속죄에 대해 설교하고 있을 때 졸고 있는 청중을 발견하였다. 그는 앞에 앉아 있는 소년들에게 자신이 어렸을 때 시소처럼 기울어진 널빤지 한쪽에 두꺼비를 놓고 다른 한쪽을 힘껏 내리쳐 두꺼비를 하늘 위로 날려 보냈던 장난을 말해주었다. 공중에서 떨어진 두꺼비의 비참한 죽음을 묘사할 때 우는 아이들도 있었다. 그때 스캇은 청중을 바라보며 두꺼비의 죽음에도 이처럼 우는 아이가 있는데 예수님의 죽음을 설교하는데도 조는 사람이 있다며 한순간에 청중의 주의를 환기시켰다.[101]

알렉산더 캠벨과 스캇은 매우 가까운 사이였음에도 몇 가지 점에서 달랐다. 알렉산더는 자신들의 공동체를 '그리스도의 제자들'이라고 불렀고, 스캇은 '그리스도인'이라고 불렀다. 알렉산더는 또 주제 넘는다는 이유로 스캇이 사용했던 '회복된 복음'(Gospel Restored)이라는 용어를 좋아하지 않

---

101) Donald M. Kinder, *Capturing Head & Heart*, 102.

7 장

았다. 그럼에도 알렉산더 캠벨은 스캇이 죽자 자신의 "아버지 다음으로 이 개혁 운동의 기원과 과정에서 다정하고 포기할 줄 모르는 동료"라는 찬사를 보냈다. 이처럼 그들은 의견이 다른 점도 있었으나 그 차이가 사랑을 좀먹지는 않았다.

8

History of the Restoration Movement

스톤 - 캠벨의 연합

발톤 스톤과 알렉산더 캠벨의 차이점
스톤-캠벨의 합류
연합 이후의 활동

발톤 스톤과 알렉산더 캠벨의 차이점

1820년의 미국 지도를 보고 스톤-캠벨운동을 표시해 보면 서부 버지니아, 오하이오, 그리고 켄터키에 교차한다. 발톤 스톤은 알렉산더 캠벨을 1824년 가을 처음 만났는데, 그를 개혁을 이끌어갈 수 있는 동반자로 생각하였다.102) 그렇지만 이들에게는 많은 공통점과 더불어 차이점도 있었다. 스톤은 가난하고 현장 중심적이었다. 반면 알렉산더는 부유했고 엘리트였다. 이들에게는 신학적인 차이도 있었다. 스톤은 성경이 말하는 그리스도인의 삶을 회복시키고자 했고 성령의 사역을 강조했다. 그는 경건한 삶에 성령의 역사가 매우 중요하다고 보았다. 그는 모든 그리스도인이 성령을 소유해야 한다고 말했다. 그는 알렉산더 캠벨보다 더 성령을 강조한 것으로 알려져 있으며, 자신의 시대에도 성령의 역사가 가능하다고 생각했다. 그는 말씀만의 극단을 경계하면서 성령과의 균형과 조화를 추구하였다. 그는 성령의 사역이 사도 시대에 끝났다는 알렉산더 캠벨 측의 주장에 힘들어한 성령의 사람이었다.103) 그러나 알렉산더 캠벨은 초대교회의 교리와 실천을 중시했다.

용어 사용에서도 차이점을 보였는데 스톤은 '그리스도인'이라는 명칭을 선호한 반면 알렉산더 캠벨은 '그리스도

---

102) Newell Williams, 『바톤 스톤의 영성』, 220; Douglas A. Foster, *A Life of Alexander Campbell*, 233.
103) Donald M. Kinder, *Capturing Head & Heart*, 71-73.

8 장

의 제자들'이라는 명칭을 좋아했다(토마스 캠벨, 월터 스캇은 그리스도인이라는 명칭을 선호했다). 알렉산더 캠벨은 그리스도인이라는 명칭이 스톤 그룹을 연상시켜 오해를 불러올 것을 염려하였다.

발톤 스톤은 전통적인 삼위일체 교리를 성서가 말한 용어로만 이해하려고 했으며 그 이상은 사변적인 추론이라고 생각했다. 그는 단지 성서의 용어로 아버지, 예수, 그리고 성령을 이야기하면 기독교인의 신앙으로 충분하다고 생각했다. 반면 알렉산더는 매우 전통적인 삼위일체론을 가지고 있었다. 인간론에 대한 견해 차이도 존재했다. 스톤은 인간에 대해 비관적이었다. 그는 성령만이 인간을 변화시킬 수 있다고 보았고 그래서 부흥운동을 지지했다. 스톤 지지자들은 월터 스캇의 방식이 머리의 신앙(head religion)이라고 비판하기도 하였다. 알렉산더 캠벨은 인간 이해에 있어 낙관적이었다. 그는 감정적인 부흥회 방식에 비판적이었고, 성령은 성경 말씀과 함께 역사한다고 믿었다.

둘 사이에는 침례와 성만찬에 대한 입장 차도 있었다. 스톤은 침례가 교회 회원이나 구원의 조건이 될 수 없다고 보았다. 반면 알렉산더 캠벨은 침례 받지 않는 자를 교회의 정식 회원으로 수용하지 않았다. 이는 침례를 죄 용서로 보느냐 보지 않느냐의 차이점에서 기인하였다. 또한 스톤은 침례를 교회 회원의 자격으로 한다면 이것은 또 하나의 분파주의적인 조항을 만드는 것이라고 비판했다. 반면 알렉산더 캠벨은 침례는 분파주의가 아니라 그리스도의 명령에 대한 순종일 뿐이라고 응수했다. 곧 스톤은 침례 문제를 '의견'으로, 알렉산더 캠벨은 '순종'으로 본 것이다. 성만찬에 대해서도 알렉산더 캠벨은 침례 받은 사람만이 참여할 수 있다고 보았다. 반면 스톤은 공동체에서 침례를 행했지만, 침례를 받지 않아도 성만찬에 참여할 수 있도록 하였다.

스톤은 교회행정 방식에 대해 교회들 사이의 유기적 관계를 중시한 반면 알렉산더 캠벨은 철저한 개교회주의를 주장했다. 목회자에 있어서도 스톤은 정식으로 교육받고 안수받은 목회자를 선호한 반면 알렉산더 캠벨은 평신도주의 원칙을 주장했다. 그래서 스톤은 성만찬 집례나 침례는 안수받은 목회자가 하는 것이 합당하다고 보았지만 알렉산더 캠벨은 평신도의 성례 집전이 가능하다고 생각했다.[104]

스톤-캠벨의 합류

발톤 스톤과 알렉산더 캠벨은 이러한 사회적 환경이나 신학적 차이점에도 불구하고 공통의 지향점을 가지고 있었다. 그들은 신약성서를 통한 신약교회의 회복과 그리스도인의 연

---

[104] 발톤 스톤과 알렉산더 캠벨의 공통점과 차이점은 다음을 참고하라. Donald M. Kinder, *History of the Restoration Movement*, 85-87; Gary Holloway & Douglas A. Foster, *Renewing God's People: A Concise History of Churches of Christ*, 55-57; Douglas A. Foster, 『한 시간에 독파하는 환원운동사 이야기』, 28-29.

8 장

합을 강조하고, 신조와 비성서적인 이름들에 반대하였다. 그들은 또한 침례를 주장했으며, 칼뱅주의의 제한 속죄, 유아세례 및 약식세례, 교회 조직을 반대했다.

발톤 스톤이 연합에 더 적극적이었다. 그는 1829년 9월부터 「그리스도인 전령」(*Christian Messenger*)에서 이를 공개적으로 제안하였다. "왜 우리 그리스도인들(스톤 운동)은 신약성서 침례교도들(New Testament Baptists, 캠벨 운동)과 하나가 되지 못하는가? 우리 안에 연합을 방해할 요소가 아무것도 없다면 우리는 영적으로 하나이다." 알렉산더 캠벨의 부정적인 반응에도 불구하고 스톤은 1830년과 1831년 두 진영이 연합해야 한다고 또다시 주장했다.

알렉산더 캠벨은 끝까지 주저했지만 결국 이런 공통점은 두 공동체를 연합으로 이끌었다. 곧 1832년 새해에 렉싱턴의 힐 스트리트교회(Hill Street Church)에서 두 운동은 가시적인 연합을 이루었던 것이다. 많은 차이점에도 불구하고 신앙의 근거를 하나님과 그의 말씀에 의탁하고자 하는 결단이었다. 그들은 성서가 신앙의 근거라는 주장에 일치를 봤다. 그래서 이때의 합병부터 역사적으로 '스톤-캠벨운동'이라고 지칭할 수 있다. 이 연합을 현실화시켰던 이들 중에 존 존슨(John T. Johnson, 1788-1856)이라는 인물이 있다. 그는 원래 정치가였으나 복음 전도자가 되었다. 그는 알렉산더 캠벨 쪽 전도자로서 26년 동안 사역하면서 매년 500명에게 세례를 주었다. 그는 1831년 발톤 스톤의 그리스도인들과 교류하면서 캠벨과

스톤-캠벨의 연합

스톤의 연합모임을 계획하였다. 1832년의 연합에는 두 실무자가 주도하였다. 스톤 측에서는 존 로저스(John Rogers, 1800-1867)가, 캠벨 측에서는 '너구리' 존 스미스(Raccoon John Smith)가 수고하였다.105) 그들은 1831년 크리스마스 중 조지타운에서 4일간의 모임과 1832년 1월 1일 렉싱턴에서 비슷한 모임을 가진 후 각 지방을 순회하며 연합을 호소하기로 하였다.

1831년 마지막 날 모임은 스톤 측에 속해 있던 렉싱턴의 힐 스트리트교회에서 열렸다. 캠벨 측을 대표하여 연설한 사람은 존 스미스였다. 존 스미스는 모든 의견은 자유롭게 주장될 수 있다고 말했다. 그 의견은 복음을 구성하는 것이 아니기 때문이다. 그는 일치를 위해서는 어떤 의견도 양보할 수 있다고 밝혔다. 그럼에도 그는 신앙에서는 일치해야 한다고 말했다. 그는 우리는 더는 캠벨주의자나 스톤주의자, 혹은 새빛파나 옛빛파, 그 어떤 빛도 아닌 성경으로만 와야 한다고 주장했다. 이 성경만이 우리가 필요한 그 빛을 줄 수 있다고 외쳤다. 그는 의견으로는 절대 일치를 이룰 수 없고 성경에서 말한 것을 단지 믿는 것으로 가능하다고 주장했다. 그가 연설을 마치자 스톤이 일치의 손을 내밀었다. 그리고 다음 날 새해 주일에 연합의 성만찬을 나누었다. 이렇게 스톤-캠벨운동이 출범하였다.

---

105) 존 스미스가 너구리라는 별명을 갖게 된 이유에 대해 여러 이야기가 있다. 하나는 스미스가 스톡턴 벨리(Stockton Valley)에서 왔는데, 그곳의 초석 동굴에 너구리가 집을 틀고 살았다며 자신을 소개한 데 따른 것이라고 한다. 혹자는 그가 너구리 가죽 모자를 자주 썼기 때문에 그런 별명을 얻었다고 보았다. 또 다른 이들은 그가 너구리처럼 교활하다고 믿었다.

8 장

존 로저스는 일찍이 발톤 스톤과 함께 하고 훗날 그에 대한 전기를 쓴 인물이었지만, 알렉산더 캠벨의 가르침에도 공감하고 있었다. 그는 이 두 그룹이 연합해야 한다며 존 스미스와 각 교회를 돌아다녔다. 렉싱턴 모임은 두 운동을 대표하는 공식적인 모임이 아니었고, 두 그룹은 총회나 노회가 없었기 때문에 결국 각 교회가 연합 여부를 결정해야 했다. 그들은 연합의 증진자(promoter of unity)였다. 그들은 3년 동안 이 일에 헌신하였다.

존 로저스와 존 스미스이다.

스톤-캠벨운동이 1832년 연합하자 스톤 측에서는 존 로저스가, 캠벨 측에서는 존 스미스가 각 지방의 교회를 찾아다니며 연합의 필요성을 호소하였다.

스톤-캠벨의 연합

발톤 스톤은 성사된 연합을 키우고 확고히 하는데 모든 에너지를 집중하였다. 연합을 공고히 하려는 스톤의 노력은 주로 스톤 측 '그리스도인들'에게 캠벨 측 제자들과 연합해야 한다는 것을 강조하는데 모아졌다. 캠벨 측의 '제자들'을 스톤 측과 연합하도록 권유하는 책임은 존 존슨이 맡았다. 스톤과 존슨은 연합에 반대하는 흐름을 저지하기 위한 공동 사설에서 이 연합은 서로의 주장을 포기하거나 양보한 것이 아니라 그리스도가 성서에서 지시한 것처럼 단순히 그를 따르는 것이라고 썼다.

연합 당시 캠벨 쪽은 12,000명, 스톤 쪽은 10,000명 정도였다. 이것은 스톤-캠벨운동이 장로교나 침례교 안에 한정된 운동이 아니라 하나의 독립된 기독교 단체로 부상했음을 의미한 것이었다.106) 그런데 안타깝게도 스톤이 연합운동을 주도했음에도 불구하고 스톤 측 교회 상당수가 이 연합에 동참하지 않았다. 즉 스톤의 노력에도 불구하고 오하이오주와 인디아나주 일부 지역의 많은 '그리스도인들'이 캠벨 쪽과의 연합을 거부하였던 것이다. 동시에 스톤 쪽 그리스도인들과 그리스도인연결과의 관계도 악화되었다. 스톤-캠벨운동에 참여하지 않은 이들은 1931년 회중교회와 합병하여 회중 그리스도인교회(Congregational Christian Church)를 형성하였다가 다시 1957년에 복음주의 및 개혁교회(Evangelical and Reformed Church)와 합병하여 연합그리스도의교회(United

---

106) Richard Tristano, 『환원운동의 역사와 근원』, 178.

8 장

Church of Christ)가 되었다.107)

연합은 양측 모두를 변화시켰다. 목회자 임명권은 각 지역 교회가 갖는다는 알렉산더 캠벨의 주장이 일반적으로 받아들여졌다. 또 침례가 교회 회원이 되는 조건이라는 캠벨의 주장이 교회의 표준이 되었다. 반면 침례를 성만찬 참여의 기준으로 삼지 않는다는 스톤의 주장이 더 우세하였다. 명칭은 미해결로 남았다. 연합된 공동체를 가리킬 때는 '그리스도의제자들'을 주로 사용하였지만 개별 교회는 '그리스도의교회'나 '그리스도인교회'라는 용어를 여전히 사용하였다. 숙제도 남았다. 스톤 측 교회는 상당히 감정적이며 표현적이었다. 반면 캠벨 측 교회는 더 이성적이고 엄숙하였다. 캠벨의 가르침은 어떻게 성령을 받는지, 성령을 추구하는 행위에 대한 두 교회의 관점을 많이 변화시켰다.108)

연합 이후의 활동

환원운동가들은 대부분 상당히 좋은 교육을 받았다. 환원운동에서는 감성적 체험이나 성령의 급격한 역사보다는 이성적이고 복음에 대한 결단을 강조하기 때문에 '교육'을 매우 중시하였다. 대학은 교회의 성장과 밀접하게 연관되어 있다.

---

107) Eds. Douglas A. Foster 외, *The Encyclopedia of The Stone-Campbell Movement*, 191.
108) Eds. D. Newell Williams 외, *The Stone-Campbell Movement: A Global History*, 29.

대학은 또한 자체 유지를 위해서 튼실한 재정적 지원을 마련해 가야 했다. 스톤-캠벨운동가들은 베이컨대학(Bacon College, 1836, 現 트란실바니아대학), 베다니대학(Bethany College, 1840), 프랭클린대학(Franklin College, 1845)을 시작으로 수많은 대학을 설립하였다. 19세기 유력한 지도자들이 이들 대학 출신들이었고, 특별히 알렉산더 캠벨이 세운 베다니대학 졸업생이었다. 당시 베다니대학은 환원운동의 중심으로서 정관사 'the'를 붙여야 이해할 수 있는 대학이었다. 환원운동 대부분의 초기 대학들은 목회를 위한 교육기관이 아니었다. 대학은 폭넓은 교양교육이 성서 이해의 기초를 형성하도록 노력했다. 전문 사역자를 위한 대학은 남북전쟁 이후 활발하게 설립되었다.109)

연합 이후 알렉산더 캠벨의 「천년왕국의 선구자」가 이 운동의 가장 영향력 있는 잡지가 되었다. 이 잡지는 연합을 증진시키기 위해 노력하였으며 캠벨은 이 잡지의 편집자로서 상당한 영향력을 끼쳤다. 종교신문들도 다양하게 발행되었는데, '제자들'에게는 교회의 감독(bishop)은 없었지만 강력한 영향력을 발휘하는 편집자들(editors)이 있었다. 앞에서 언급한 것처럼 캠벨은 여러 논쟁을 통해 영향력을 확대했다. 스톤-캠벨운동은 특별한 조직이 없었기 때문에 출판물이 그들의 사상을 형성하고 조직하는 데 큰 영향을 미쳤다. 특별히 알렉산더 캠벨의 책이 그러했다.

---

109) Michael W. Hines, *History of the American Restoration Movement*, 154-155.

8 장

 그러나 스톤-캠벨운동의 개교회 중심은 선교에 큰 어려움을 주었다. 이 때문에 보다 체계적이고 조직적인 선교회가 필요했다. 알렉산더 캠벨은 선교회를 반대했지만 이내 마음을 바꾸고 1849년 미국그리스도인선교회(American Christian Missionary Society)를 설립하고 초대 회장이 되었다. 선교회가 가장 먼저 했던 일 중 하나는 1850년 의사인 제임스 바클리(James T. Barclay)를 예루살렘에 선교사로 파송한 것이었다. 예루살렘 선교는 신약교회를 지향하는 그리스도의교회에게는 하나의 꿈이었다. 바클리는 전염병에 걸린 2천 명의 환자를 치료했다. 그러나 선교는 현지의 적대적인 분위기 때문에 많은 어려움에 봉착했다. 바클리는 1853년 크림전쟁이 발발하자 예루살렘을 떠났다. 그리고 1858년 예루살렘에 다시 들어갔다. 그는 이스라엘의 회심이 재림을 앞당길 것이라는 생각에 세계에 흩어진 유대인들을 팔레스타인으로 돌아올 수 있도록 지원해 달라고 요청했다. 그러나 남북전쟁으로 선교가 불가능하게 되자 그는 1863년 미국으로 돌아왔다. 흑인 노예 출신인 크로스(Alexander Cross, 1811-1854)는 1854년 라이베리아에 도착했다. 그러나 켄터키 교회의 기대를 모았던 그는 도착한 지 두 달 만에 말라리아에 걸려 사망하고 말았다. 비어슬리(J. O. Beardslee, 1814-1879)는 1858년 자메이카에 파송되었다. 그는 이미 자메이카에서 회중교회 선교사로 사역한 전력이 있었다. 그는 노예 폐지론자로서 이전에 노예였던 사람들을 대상으로 사역을 펼쳤다.

9

History of the Restoration Movement

남북전쟁과 스톤-캠벨운동

남북전쟁과 미국교회의 분열
노예제 문제와 스톤-캠벨운동
남북전쟁과 스톤-캠벨운동의 분열

남북전쟁과 스톤-캠벨운동

남북전쟁과 미국교회의 분열

남북전쟁은 제2의 독립전쟁(Second War of Revolution)이라고 불린다. 남북전쟁이 미국 시민에게 인종, 피부색, 종교에 상관없이 자유를 주었기 때문이다.110) 남북전쟁의 가장 큰 원인은 노예제도였다. 당시 노예제도는 미국의 치명적인 병이었다. 사실 영국은 이미 1807년 노예무역을, 1832년 노예제도를 폐지하였다. 그러나 미국은 1808년 미국연방의회가 노예 수입을 금지하였지만 노예제를 폐지하지는 못했다. 미국 내 노예는 자연적으로 증가하여 1810년 120만 명에서 1860년에 거의 400만에 육박하였다. 북부는 노예제도를 폐지했지만 남부는 이를 유지하고 있었다. 이 문제로 남부와 북부는 오하이오강과 메이슨-딕슨 라인(Mason-Dixon line)을 따라 양분되었다. 교회는 자연스럽게 노예제를 토론하고, 여기에 대해 견해를 밝혀야 하는 상황이었기에 분열이 불타오르게 하는 기름 역할을 하였다.

당시 많은 이들이 노예제도를 비판하였는데 특히 기독교인 중에서도 노예제도가 복음과 조화되지 않는다고 생각하는 이들이 적지 않았다. 제2차 대각성운동을 이끌었던 찰스 피니는 점진적인 노예제 폐지론자였다. 그의 부흥운동에 영향을 받은 많은 사람이 노예제도 폐지를 주장하였다. 진보적 종교인 해

---
110) Michael W. Hines, *History of the American Restoration Movement*, 159.

9 장

리엇 비처 스토(Harriet Beecher Stowe, 1811-1896)가 쓴 『톰 아저씨의 오두막』(*Uncle Tom's Cabin*, 1852)은 엄청난 판매 부수를 기록하며 노예제 반대 운동에 기여하였다. 만인구원론자인 윌리엄 채닝(William Ellery Channing, 1780-1842)은 노예제를 폐지하지 못한다면 모든 인간의 형제자매 됨을 가르치는 기독교의 본질을 올바르게 가르치지 못하는 것이라고 비판하였다. 장로교 목사인 엘리야 러브조이(Elijah P. Lovejoy, 1802-1837)도 노예제를 말할 수 없는 불의, 하나님에 대한 죄악이라 비판하였다. 이런 주장 때문에 그는 노예제 찬성자의 총에 맞아 사망하고 만다. 한때 노예였다가 자유인이 된 흑인 여성 이사벨라 바움프리(Isabella Baumfree, 1797-1883)는 노예제도의 불의를 강력하게 비판하였다. 노예 출신이었던 프레드릭 더글러스(Frederick Douglass, 1817 혹은 1818-1895)도 노예제를 비판하면서 미국의 독립기념일이 노예에게 무슨 의미가 있느냐고 물었다. 윌리암 개리슨(William Lloyd Garrison, 1805-1879)은 노예해방 운동에서 가장 중요한 인물이다. 그는 당시 복음주의적 목사들로부터 영향을 받았는데 노예해방을 그리스도의 복음과 같은 것으로 믿었다. 그는 노예제를 반대하는 신문 「해방자」(*Liberator*)를 발행하면서 즉각적인 노예제 폐지를 주장하였다. 변호사였던 웬델 필립스(Wendell Phillips, 1811-1884)도 즉각적인 노예해방론자로서 노예제도에 침묵하는 무관심은 죄라고 주장했다. 그의 주장은 링컨(Abraham Lincoln, 1809-1865)에게도 영향을 미쳤다.

남북전쟁과 스톤-캠벨운동

19세기 초만 해도 노예제가 도덕적으로 잘못되었다는 인식을 가진 교회가 남북부에 걸쳐 있었다. 그러나 북부는 노예제 반대쪽으로 급격히 기울었다. 북부에서는 이웃에 대한 사랑과 돌봄을 강조하고, 예수의 가르침을 중시하면서 노예제도가 불가능하다고 주장하였다. 노예해방론자의 주장이 북부인의 양심을 자극했지만 남부인은 여기에 방어적인 태도를 보임으로써 지역감정의 골이 깊어졌다. 남부인은 노예제 폐지를 자신들의 우월감을 손상시키고, 남부의 사회 경제 체제를 위협하는 심각한 도전으로 인식하였다. 또한 그들은 성서적으로도 노예제도가 아무런 문제가 없다고 생각했다. 이것은 기독교인들이 사회의 보수성과 손을 잡은 결과였다. 그들은 구약의 족장도 노예를 소유했고, 빌레몬서에서 바울도 도망간 노예를 집으로 돌려보냈다고 주장했다. 찬성 논리 중에는 노예제도가 노예를 보호하고 그들에게 기독교를 가르칠 수 있다는 것도 포함되어 있었다. 노예제도와 관련하여 성경을 해석할 때 남부는 문자적으로, 북부는 비유적으로 해석하는 경향이 강했다. 제3의 견해도 있었다. 이는 교회가 노예 문제에 대해 입장을 밝혀서는 안 된다는 논리였다. 사우스캐롤라이나의 루터교, 장로교 구파(Old School Presbyterian Church)가 여기에 포함되는데, 이런 입장은 소극적으로 노예제도를 옹호하는 것과 다름없었다.

이런 갈등으로 교회는 남북전쟁이 발발하기 이전에 이미 노예제로 분열되어 버렸다. 1844년 조지아의 감독 제임스 앤

9 장

드류(James Osgood Andrew, 1794-1871)의 아내가 노예를 소유했다는 이유로 사임을 요구받자, 남부의 감리교회는 다음해 남감리교회((Methodist Episcopal Church, South)로 분열하였다. 침례교는 노예 소유자를 선교사로 임명하는 문제로 1845년 남부의 교회가 남침례교로 분열하였다. 장로교는 1837년 부흥운동과 노예제도 문제 등으로 구파와 신파로 제1차 분열하였다. 이후 구파와 신파는 1861년 각각 남북 장로교로 제2차 분열하였다. 구파는 교회가 세속문제에 관여하면 안 된다는 입장이었다. 반면 신파는 사회문제에 적극적으로 동참해야 한다고 보았다. 가톨릭과 성공회는 세계적인 조직이었기에 전쟁 후 바로 연합하였지만 이들도 전쟁 기간에는 분열을 피할 수 없었다. 교회의 분열은 국가의 분열로 연결되었다. 남북부 교회의 분열은 당시 신앙과 애국심이 구분되지 않았으며, 교회가 오히려 분열의 토론장이 되었음을 보여준다.111)

노예제 문제와 더불어 이중적 연방주의(Dual Federalism)와 같은 헌법에 대한 의견 차이도 남북부의 갈등을 심화시켰다. 헌법에서 연방의 권한과 각 주의 권한 중에 무엇을 우선시할 것인가의 문제가 해결되지 못하고 있었다. 이는 노예제와도 밀접하게 연관되어 있었다. 왜냐하면 남부에서는 노예제를 찬성하는 입장이었고 이를 연방이 간섭할 수 없다는 논리였기 때문이다. 1846년 멕시코와의 전쟁에서 획득한 거대한 영토를

---

111) 류대영, 『미국종교사』(서울: 청년사, 2008), 302-323; John Wolffe, 『복음주의 확장』, 266-267. 남부에 있는 장로교회는 남장로교(1866)로, 북부에 있는 장로교회는 북장로교(1870)로 연합하였다. 이후 남북 장로교는 1983년 통합하였다. 감리교는 1939년 통합하였다. 침례교 분열은 지금까지 지속되고 있다.

남북전쟁과 스톤-캠벨운동

노예주로 편입시킬 것인지, 자유주로 연방에 편입시킬 것인지에 대한 논란이 일어났다. 새로 개척되는 캘리포니아와 같은 서부도 같은 문제를 안겼다. 노예제 폐지는 도덕적인 성격을 지녔지만 정치적인 문제가 되었다. 1857년 드레드 스캇(Dred Scott) 판결(노예제도에 대한 미국 연방 대법원의 판결)은 노예제 존속을 합법화함으로써 북부와 남부의 갈등을 심화시켰다.

1860년 북부인의 절대적인 지지를 받고 링컨이 대통령에 당선되자 남부인들은 연방(Union)에서 탈퇴하였다. 사우스캐롤라이나를 시작으로 미시시피, 플로리다, 앨라배마, 조지아, 루이지애나, 텍사스가 연속으로 연방을 탈퇴했다. 그리고 1861년 4월 12일 남부군이 섬터(Sumter) 요새를 공격함으로써 4년간의 전쟁이 시작되었다. 링컨은 어떠한 희생을 감수하고서라도 미국 연방이 지속되어야 한다고 믿었던 국민주의자였다. 국민주의는 동일한 국민 정체성을 공유하는 국민(nation)을 사회 조직과 운영의 근본적인 단위로 삼는 이데올로기이다. 그는 또 흑인에 대한 인종차별적인 생각을 갖고 있었지만 자유 노동의 고귀함, 인간의 평등권, 자유권에 대한 굳은 신념을 갖고 있었다.

결국 북부가 전쟁에서 승리하였다. 그러나 전쟁으로 산산이 조각 난 연방을 재건하는 문제는 전쟁에서 이기는 문제 이상으로 어려웠다. 링컨은 1865년 존 윌크스 부스(John Wikes Booth, 1838-1865)에게 암살되었다. 북부는 전쟁에서 엄청난 희생을 치렀기 때문에 전쟁의 종결과 함께 승리의 열매를 맛

9 장

보고 싶어 했다. 그러나 남부는 자신의 제도를 고수하려 하였다. 교회도 남북부의 견해차가 심각하였다. 북부는 남부인을 사악한 존재로 보고 전쟁 승리가 자신들의 도덕적 의로움을 증명해 주는 것으로 생각하였다. 그러나 남부인은 북부인을 전쟁 승리로 이득을 보려는 '양키'(Yankee)로 간주하였다.

연방에 가입함으로써 재건은 형식적으로는 완성되었지만 남부는 다시 보수화되었다. 즉 흑인들은 법적으로는 보호를 받았지만, 실제적으로는 참정권과 같은 자신들의 권리를 행사하기 어려웠고, KKK(1867) 조직은 이들에게 폭력을 가했다. 전쟁 후 미국의 전체적인 분위기도 흑인의 인권에 큰 관심을 기울이지 않았으며, 1874년에 민주당이 하원의 다수당으로 등장하면서 흑인문제는 정치적 관심사에서 밀려났다. 남북전쟁으로도 흑인문제와 헌법상의 연방주의 관계문제를 해결하지 못한 것이다. 그래서 1960년대 중반 마틴 루터 킹(Martin Luther King, 1929-1968)이 등장할 때까지 미국의 흑인문제는 상존하고 있었다.112)

노예제 문제와 스톤-캠벨운동

그렇다면 노예제에 대한 환원운동가들의 입장은 어떠했을까? 환원운동의 삼인방 중 한 명인 발톤 스톤은 노예제를 반

---
112) 최웅·김봉중, 『미국의 역사』(개정판: 조합공동체 소나무, 1997), 141-176.

남북전쟁과 스톤-캠벨운동

대하였다. 그는 자신에게 속한 노예를 해방하고 스스로 농장을 일구어 생계를 꾸려나갔다. 그는 노예소유 가정에서 자랐지만 1797년 노예제 반대자가 되었다. 1800년에는 교회에서 이를 공개적으로 밝혔고, 1801년에는 두 명의 노예, 즉 네드(Ned)와 루시(Lucy)를 해방시켰다.113) 그는 노예제가 기독교 신앙과 시민의 자유에 위배 된다고 믿었다. 스톤은 처음 노예소유자와 교제를 단절해야 한다고 생각하기도 했지만 점차 이를 친교의 조건으로 삼는 것에 반대하게 되었다.114) 그는 노예제에 대해 점진적 해방을 주장하였다. 발톤 스톤이 노예해방을 위해 가장 집중한 부분은 바로 미국식민협회(American Colonization Society)를 열렬히 지지하고 이를 후원하는 것이었다. 이 단체는 미국 내 유색인들의 생활환경 개선을 도모하고, 이를 위해 미대륙이나 아프리카대륙에 별도의 정착지를 마련해주는 활동을 하였다. 미국식민협회는 1821년 서부 아프리카의 넓은 지역을 구입해 라이베리아 식민지를 건설하였다. 발톤 스톤이 1834년 켄터키를 떠나 일리노이주의 잭슨빌로 이사 간 것은 노예 소유주라는 악에서 벗어나고 싶은 이유에서였다. 1830년 스톤의 장모가 소유하고 있었던 노예들이 그의 부인과 자녀에게 상속되었는데, 그들을 해방시키기 위해서는 자유주(州)로 이사 가야 했다. 스톤은 1838년 켄터키의 조지타운을 방문하여, 자신이 해방시킨 이전 노예들의

---
113) Eds. D. Newell Williams 외, *The Stone-Campbell Movement: A Global History*, 14.
114) Eds. D. Newell Williams 외, *The Stone-Campbell Movement: A Global History*, 15.

9 장

집을 방문하였다. 그들의 상봉은 눈물로 이루어졌다.

당시 기독교인들은 천년왕국의 임박한 증거로 교회분열의 극복과 노예해방을 중시하였다.115) 이 때문에 교회일치와 노예제 문제는 그리스도인 사이에서 중요한 현안이 되었다. 발톤 스톤도 노예해방이 그리스도인의 일치 문제와 마찬가지로 천년왕국을 앞당긴다고 보았다. 스톤은 노예제를 존속시키는 정부와 대중적 선거운동에 비판적이었기 때문에 그리스도인들이 시민정부에 참여하는 것에 반대했으며, 침략 전쟁은 물론이거니와 방어적인 무력사용도 반대하는 평화주의자였다.116) 이런 입장은 데이비드 립스콤(David Lipscomb, 1831-1917)같은 이후 지도자들에게 계승되었다.

구분	내용	지지자	노선	위치
노예 찬성론	노예제는 성서적으로 문제없음	제임스 섀넌	보수파	소수파
점진적 해방론	법적·도덕적 수단을 통해 점진적 해방 지지	발톤 스톤 알렉산더 캠벨 월터 스캇	온건파	다수파
노예 폐지론	노예제의 즉각적인 폐지 주장	존 커크 파디 버틀러	진보파	소수파

---

115) Eds. D. Newell Williams 외, *The Stone-Campbell Movement: A Global History*, 14.
116) Newell Williams, 『바톤 스톤의 영성』, 304-313. 발톤 스톤은 1842년 초에 그리스도인들이 민간정부에 참여하지 말도록 권고하였다. 그는 정치 참여가 기독교적인 영성에 부정적인 영향을 미친다고 보았다. 또 예수의 정부와 법률이 세상을 다스리기에 충분하므로 기독교인이 민간 정부나 군부에서 직책을 찾을 필요가 없다고 보았다. 그는 기독교인의 의무는 하나님의 율법에 배치되지 않는 한에서 민간 정부와 그 법률에 복종하는 것이라고 생각했다.

알렉산더 캠벨도 발톤 스톤처럼 노예를 해방시켰다. 그는 노예제도가 성서적이라기보다는 법적으로, 정치적으로, 경제적으로, 도덕적으로 잘못되었다고 보았다. 이처럼 그는 노예제를 반대했다. 그러나 노예제 폐지를 적극적으로 주장하지는 않았다. 캠벨은 점진적 해방론자라 할 수 있었다. 캠벨은 노예의 인권보다 교회의 연합에 관심이 컸기 때문에 노예제로 인해 교회가 분열되지 않도록 노력하였다.117) 그래서 노예제가 설교단에서 이야기되는 것을 좋아하지 않았다.118) 그는 성서가 노예와 주인의 관계에 대해 말하고 있다고 생각했기 때문에 노예해방을 주장하지 않았다.119) 캠벨은 노예 문제가 법적이고 도덕적인 수단을 통해 점진적으로 해결되기를 원했다. 그러나 노예 폐지론자들은 캠벨의 이런 온건한 입장을 인정하지 않았다. 그가 설립하였던 베다니대학은 노예제 문제로 갈등을 겪었다. 노예제에 대한 자유로운 토론을 요구했다가 10명의 학생이 학교를 떠나게 되었다. 그중 5명은 베다니대학의 라이벌인 노스웨스턴기독대학(North-Western Christian College)으로 학교를 옮겼다.120) 캠벨은 이 대학이 그 학생들을 받아준 것을 달가워하지 않았다.121)

노예제 문제는 환원운동가들에게 개인의 자유로운 의견으로 존중되었다. 곧 그들은 이것이 교회분열의 현안으로 등장

---

117) Gary Holloway and Douglas A. Foster, 『하나님의 백성을 새롭게』, 110-111.
118) Donald M. Kinder, *History of the Restoration Movement*, 134.
119) Michael W. Hines, *History of the American Restoration Movement*, 144.
120) Donald M. Kinder, *History of the Restoration Movement*, 134-135.
121) Michael W. Hines, *History of the American Restoration Movement*, 163-164.

9 장

하는 것을 경계하였다.122) 존 커크(John Kirk), 존 피(John G. Fee), 비어슬리, 보그스(John Boggs), 파디 버틀러(Pardee Butler, 1816-1888), 올리버 버틀러(Oliver Butler)는 노예제를 적극적으로 반대하였다. 그럼에도 스톤-캠벨운동에서 노예제 즉각 폐지론자들(abolitionists)은 소수였다. 스톤-캠벨운동에서 노예제도의 양극단에는 파디 버틀러와 새넌(James Shannon, 1799-1859)이 서 있다.123) 새넌은 성서적으로 노예제도가 아

파디 버틀러와 제임스 새넌이다.

이들은 스톤-캠벨운동에서 노예제의 양극단을 대표하는 사람들이다. 버틀러는 노예제 폐지를 주장한 반면 새넌은 노예제를 옹호하였다.

---

122) James B. North, *Union in Truth: An interpretive History of the Restoration Movement* (Cincinati: The Standard Publishing Company, 1994), 224.
123) Gary Holloway and Douglas A. Foster, 『하나님의 백성을 새롭게』, 111-112.

남북전쟁과 스톤-캠벨운동

무런 문제가 없으며, 모든 인간은 나름 죄의 짐을 지고 있다고 주장했다. 버틀러는 노예제를 반대했다가 성난 군중에 의해 타르와 깃털로 덮인 채로 미주리강에 버려졌다. 노예제도에 대한 논쟁은 스톤-캠벨운동을 공식적으로 분열시키지는 않았지만 서로의 관계가 소원해지고 분열을 가속화하는 데 일조했다.124)

남북전쟁과 스톤-캠벨운동의 분열

남북전쟁 직후는 환원운동가의 세대교체기였다. 알렉산더 캠벨, 월터 스캇과 같은 1세대 지도자들은 죽거나 영향력이 급속도로 약화 되었다. 반면 2세대 지도자들의 영향력이 급부상하였는데 그들은 대부분 저널의 편집자들이었다. 남북전쟁 후 스톤-캠벨운동의 저널이 새롭게 발행되거나 재창간 되었다. 그런데 안타깝게도 이 잡지들은 남북부의 분열을 반영하였다. 각 저널은 환원운동의 여러 쟁점에 강력한 영향력을 행사하였다. 1856년 벤저민 프랭클린(Benjamin Franklin, 1812-1878)이 북부에서 창간한 「미국 기독교 비평」(*The American Christian Review*)은 남북전쟁 중에는 중립적 입장을 고수했으나125) 전쟁이 끝난 뒤에는 미국그리스도인선교회가 평화주의와 중립성을 버렸다고 분개했다.126) 1866년 에레

---

124) Eds. Douglas A. Foster 외, *The Encyclopedia of The Stone-Campbell Movement*, 685-688.
125) Eds. Douglas A. Foster 외, *The Encyclopedia of The Stone-Campbell Movement*, 27.
126) Gary Holloway & Douglas A. Foster, *Renewing God's People*, 92.

9 장

트(Isaac Errett, 1820-1888)는 「그리스도인 표준」(*Christian Standard*)을 발행하였다. 이 잡지는 「미국 기독교 비평」의 극보수주의를 반대하였으며127) 스톤-캠벨운동 그룹에서 전개되던 여러 사안에 대해 북부의 입장을 대변하였다.128) 1866년 남부에서는 「복음 주창자」(*Gospel Advocate*)가 재발행되었다. 톨버트 패닝(Tolbert Fanning, 1810-1874)과 립스콤은 전쟁을 지지했던 이들을 비판하고, 북부교회 지도자들이 연방군 출신임을 상기시켰으며, 선교회를 비판하였다. 전쟁이 끝나고 남부에는 정부 활동이나 정치적인 일에 참여하지 않는 분위기가 조성되었다. 립스콤이 이를 강하게 주장하였다. 그는 매우 보수적인 인물이었다. 이런 분위기는 세계 제2차 대전 전까지 유지되었다. 이처럼 톨버트 패닝과 립스콤, 「복음 주창자」는 남부에 큰 영향을 미쳤다.129)

남북전쟁 후 남부와 북부의 사회·경제적인 격차로 교회는 더 가시적으로 분열되었다.130) 북부의 '제자들'은 도시에 중심을 두는 사례가 많았고, 지도자 중에는 경제적으로 부유하고 사업이나 산업 분야에 종사하는 이들이 많았다. 반면 남부의 그리스도의교회는 보통 시골에 중심을 두고 농업에 종사했고, 북부보다 더 가난하였다.131)

---

127) Eds. Douglas A. Foster 외, *The Encyclopedia of The Stone-Campbell Movement*, 27.
128) Eds. Douglas A. Foster 외, *The Encyclopedia of The Stone-Campbell Movement*, 197-198.
129) Gary Holloway & Douglas A. Foster, *Renewing God's People*, 104; Eds. Douglas A. Foster 외, *The Encyclopedia of The Stone-Campbell Movement*, 362.
130) Gary Holloway & Douglas A. Foster, *Renewing God's People*, 88-89.
131) Mark G. Toulouse 외, *Renewing Christian Unity: A Concise History of the Christian Church(Disciples of Christ)* (Abilene: ACU, 2011), 102.

남북전쟁과 스톤-캠벨운동

그리스도의교회는 다른 교단처럼 모든 교회를 총괄하는 총회가 없어서 공식적인 분열에는 이르지 않았다. 이 분열을 공식화할 수 있는 기구가 없었기 때문이다. 그러나 선교회와 저널에서 볼 수 있는 것처럼 실제적으로는 남북부의 분열이 빠르게 진행되었다. 분열 시점인 1906년 제자들의 2/3는 북부에, 그리스도의교회의 2/3는 남부에 남았다.[132] 그리스도의교회 회원 159,658명 중 101,734명이 전쟁 전 남부지역에 거주하였고, 30,206명은 남북부의 경계지역에 거주하였으며, 그리스도의제자들의 15% 미만만이 남부에 거주하였다. 이는 스톤-캠벨운동의 분열에 지역주의가 존재했음을 보여준다. 곧 그들의 지역적인 관점이 신학적인 문제와 연관되었던 것이다.

스톤-캠벨운동은 교회를 총괄하는 조직은 없었지만 잡지 편집자들과 영향력 있는 사역자들을 통해 회중들이 연합했던 것과 마찬가지로 분열했다. 당시 스톤-캠벨운동을 분열시켰던 신학적 논점에는 어떤 것이 있었을까. 주요 논점으로는 성서의 침묵성(Bible's silence) 문제, 선교회에 대한 입장 차이, 월급을 받고 정주(定住)하는 목사, 예배 시 악기 사용 문제 등이 있었다. 그중 가장 중요한 요인은 선교회와 악기 문제였다. 그런데 당시 역사적 정황이 이 논점을 이해하는 데 큰 영향을 미쳤다. 그중 남북전쟁이 압도적이었다.

---

132) Gary Holloway & Douglas A. Foster, *Renewing God's People*, 89.

9 장

선교회에 대한 반대

환원운동가들은 교회가 조직을 선택하는 것을 분파처럼 되는 것이라고 생각했다.133) 그럼에도 알렉산더 캠벨은 친교와 복음전도, 교회성장을 위해 교회 간의 상호협력이 필요하다고 보았다. 이런 일은 개교회 홀로 감당하기 어려운 것이었다. 이 때문에 연례 모임(Yearly meeting)이 1831년부터 있었고, 결국 1849년 미국그리스도인선교회가 조직되었다. 알렉산더 캠벨은 1823년 「그리스도인 침례자」에서 이런 선교 조직을 반대했으나 1849년 즈음에는 복음전파에 필요한 도구로 인식하게 되었다. 사실 캠벨은 1830년대부터 조직의 필요성을 인식하고 있었다. 이런 입장 변화에 대해 분파주의의 근절자에서 환원운동을 촉진하고 보급하는 쪽으로 그의 생각이 전환되었다고 보는 의견이 있다.134) 또한 초기에는 캠벨이 잘못된 것을 해체하는 급진적인 사람이었으나 1840년경 다소 보수적으로 변했다는 견해도 있다.135) 반면 전혀 다른 제3의 견해도 있다. 이는 교회 조직에 대한 캠벨의 입장을 전기와 후기 2단계가 아닌 전기, 중기, 후기인 3단계로 나눠야 한다는 입장이다. 캠벨 운동은 1790년대~1820년대 30년 동안 대서양 양안의 많은 프로테스탄트를 사로잡은 협력과 초교파주의를 특징으로 하는 복음주의 선교운동의 산물이었기에 알렉산더 캠벨은 본래 선교회 간의 협력에 긍정적이었다는 것이다.136) 곧 캠벨

---

133) Richard Tristano, 『환원운동의 역사와 근원』, 196.
134) Richard Tristano, 『환원운동의 역사와 근원』, 197.
135) Donald M. Kinder, *History of the Restoration Movement*, 112.

은 처음 선교회에 긍정적이었다는 것이다. 이런 관점으로 본다면 미국그리스도인선교회를 조직한 입장 변화는 청년기의 관점으로 되돌아간 것으로 볼 수 있다. 어쨌든 캠벨이 지역 개교회를 뛰어넘는 협력의 필요성을 느꼈고 더 큰 문제에 대한 실용적 해결책을 선택했다고 볼 수 있다.137)

그러나 캠벨의 이런 선택은 엄청난 논란을 불러왔다. 많은 환원운동 지도자들이 이런 조직을 반대하였고, 간행물을 통해 일반 신자에게 자신의 목소리를 냈던 것이다. 반대자들은 선교회가 있다고 해서 교회가 성장하는 것은 아니라는 점, 선교회가 개교회의 자율을 침해하며, 성경에 명시되지 않았다는 점을 들어 비판하였다. 성경에 명시되지 않았다는 입장은 "성서가 침묵하는 곳에서 침묵하자"는 원칙을 적용한 것이었다. 반대자들은 성경이 교회 이외의 조직을 금한다고 생각했다. 미국교회 안에서는 이미 이들과 마찬가지로 자원단체(voluntary society)와 같은 조직에 대해 비판적 인식을 갖고 있는 교회들이 있었다. 그들은 이런 기관이 지역교회의 독립성을 훼손할 것이라고 염려하였다.138)

그러나 미국그리스도인선교회가 처음 설립되었을 당시에는

---

136) James L. Gorman, *Among the early evangelicals*, 215-217.
137) Michael W. Hines, *History of the American Restoration Movement*, 157-158.
138) Mark A. Noll, *The old religion in a new world*, 69-70.
139) Donald M. Kinder, *History of the Restoration Movement*, 109-110.
140) Donald M. Kinder, *History of the Restoration Movement*, 114-116.
141) Donald M. Kinder, *History of the Restoration Movement*, 119-120.
142) Donald M. Kinder, *History of the Restoration Movement*, 123.
143) Eds. Douglas A. Foster 외, *The Encyclopedia of The Stone-Campbell Movement*, 250.

9 장

조직과 선교회 설립에 대한 반대 입장

1834년 웰즈버그협력모임(Wellsburg Cooperation Meeting)이 수립되자 헨리(T. M. Henley)는 조직에 반대하였다. 월터 스캇도 교회 외 다른 조직에 반대하였다. 이에 로버트 리처드슨은 성서에 언급되지 않았다(un-scriptual)고 해서 이것이 반성서적인 것(anti-scriptual)은 아니라고 응수하였다. 그는 계시되지 않은 것에 대해 의견의 자유가 주어졌다고 보았다.139)

버넷(David S. Burnet)이 성서 보급을 위해 미국기독교성서회(American Christian Bible Society, 1845)를 설립했을 때 대부분 이에 호의적이었음에도 점차 조직의 필요성을 인식해 가고 있었던 알렉산더 캠벨이 이를 반대했다는 점은 흥미롭다. 그는 개혁의 중심을 버넷에게 빼앗기는 것을 걱정했는지도 모른다.140)

립스콤은 선교회 설립에 대해 알렉산더 캠벨이 나이가 들어 정신적인 능력이 약해졌기 때문이라고 보았고, 웨스트(Earl West)는 캠벨이 실수했다고 생각했다.141) 야곱 크레스 2세(Jacob Creth, Jr, 1799-1886)도 선교회를 두는 것에 반대했다. 그는 교회 이외에 다른 조직은 비성경적이라 여겼다. 이 때문에 그는 선교회에 전향적인 자세를 취한 캠벨을 비판하였다.142) 그는 자신의 묘비에 선교회에 대한 반대를 명확히 할 의사까지 있다는 뜻을 비쳤다. 그가 자기주장에 거침이 없었기 때문에 혹자는 '환원운동의 철가면'(Iron Duke of the Restoration)이라는 별명을 주었다. 그는 반대자들을 비판할 때 날카로운 면을 가지고 있었다. 덕과 이런 날카로움을 겸비한 양면성은 흔히 동전의 양면과 같았다.143)

남북전쟁과 스톤-캠벨운동

이런 반대에도 불구하고, 이 문제가 그리 큰 논란이 되지는 않았다. 상황을 악화시킨 것은 남북전쟁이었다. 곧 선교회가 남북전쟁 기간인 1861년과 1863년 북부를 지지하는 결정을 하자 상황이 악화하였다. 다른 미국 역사에서와 마찬가지로 남북전쟁은 스톤-캠벨운동의 분열에 하나의 커다란 분수령이 되었다.144) 대부분의 설교자는 평화주의를 주장했다. 일찍이 발톤 스톤, 알렉산더 캠벨 등 많은 지도자가 전쟁과 폭력을 반대했다.145) 캠벨과 그의 사위 펜들턴(William K. Pendleton, 1817-1899)은 「천년왕국의 선구자」에서 전쟁에 대해 중립적인 시각을 견지하였다. 그러나 전쟁 상황이다 보니 평화주의를 지키기는 쉽지 않았다. 알렉산더 캠벨의 큰아들, 발톤 스톤의 아들, 로버트 리처드슨(Robert Richardson, 1806-1876)의 아들 데이빗 리처드슨은 남부군(Confederacy)에 가담하여 싸웠다. 데이빗 리처드슨은 1864년 전사하였다. 캠벨의 장남은 기병대의 장교로, 발톤 스톤의 아들(Barton W. Stone. Jr.)은 대령까지 진급하였다. 북부의 연방군(Union)으로는 가필드(General James A. Garfield, 1831-1881)가 유명하다. 가필드는 설교자 출신인데 남북전쟁에서 군인으로 활약했다. 그는 복음 전도의 열정을 살려서 '그리스도의제자들'을 군인으로 모집하였으며, 빠르게 소장까지 승진하였다. 그는 1861년 선교회의 참석자가 연방군을 지지하는 데 가장 중요한 역할을 하였다.

---

144) Eds. Douglas A. Foster 외, *The Encyclopedia of The Stone-Campbell Movement*, 224.
145) Michael W. Hines, *History of the American Restoration Movement*, 142.

9 장

가필드는 의회 활동 후 1880년 제20대 대통령에 당선되었다. 그리스도의제자들은 대통령 선거운동을 도왔고, 그가 당선한 후에는 대중에게 폭넓게 알려졌다. 그러나 가필드는 1881년 정신질환을 앓고 있던 찰스 기토(Charles J. Guiteau)에게 암살당하고 말았다.

　환원운동에서 남북부 교회를 분열시키는데 가장 결정적인 영향을 미친 것이 바로 이 미국그리스도인선교회였다. 북부의 신시내티에 있었던 이 선교회는 1861년 선교회라는 공식 모임이 아닌 개인 자격으로 참여하는 대중 모임으로 투표를 해서 북부 연방군을 지지하는 결의안을 채택하였다. 모임에 캠벨과 가필드도 참여하였다. 그러나 그 모임은 열렬한 북부 지지자와 남북부 경계지역의 온건주의자로 분열되었다. 남부인들은 참여하지 않았다. 공식투표에서 연방군 지지는 부결되었지만, 10분간의 임시총회에서 북부 지지파는 전쟁 지지를 통과시켰다. 선교회가 북부에 있었기 때문에 연방군을 지지하지 않는 미온적 태도는 그들의 애국심을 의심케 하는 분위기를 조성하였다. 반면 이런 결의안은 남부교회 지도자들을 흥분시켰다.

1863년에는 선교회가 공식적으로 연방군을 지지하는 결의안을 채택하였다.146) 이는 전쟁에서 선교회가 확실히 북부를 지지했다는 것을 의미한다. 특히 훗날 그리스도의교회에 강한 영향력을 미치게 되는 톨버트 패닝과 데이비드 립스콤은 이런 선교회를 강하게 비판하였다.147) 톨버트 패닝은 「복음 주창자」를 통해 이를 반대했다. 그는 한때 선교회를 지지한 인물이었다. 그는 2세대 지도자 중에서 중요한 인물이었고 남부에서 매우 영향력 있는 설교자였다. 맥가비(J. W. McGarvey, 1829-1911)는 북부 지지를 반대하는 것이 좌절되자 선교회에 대한 지지를 철회하였다. 일반적으로 남부교회는 지역교회 안에 교회 이외의 어떠한 조직도 반대하였다. 북부에서도 선교회에 대한 반대가 있었다. 벤저민 프랭클린은 선교회가 중립과 평화를 져버렸다고 생각하였다. 그가 편집했던 「미국 기독교 비평」은 알렉산더 캠벨 사후 영향력 있는 신문이 되었기 때문에 그의 비판적 시각은 많은 영향력이 있었다.

남북전쟁은 남북부의 '그리스도인'과 '제자들'을 동일 그룹이라고 부를 수 없을 정도로 서로에게 상처를 주었으며, 이로 인해 신학적인 갈등도 가중되었다.148) 당시 스톤-캠벨운

---

146) Gary Holloway and Douglas A. Foster, 『하나님의 백성을 새롭게』, 113-114.
147) Gary Holloway and Douglas A. Foster, 『하나님의 백성을 새롭게』, 113-114.
148) Donald M. Kinder, *History of the Restoration Movement*, 144.

9 장

동에서 분열을 공식화하는 결정은 없었지만 위와 같은 남북전쟁에 대한 선교회의 입장은 남부 그리스도인들에게 깊은 불신과 상처를 남겼고, 교회 이외의 기관을 반대하는 확실한 명분을 제공하였다. 그런데 18~19세기 유럽과 미국에서는 해외 선교사나 주일학교 등 다양한 파라처지 모임이 결성되고 빌진하고 있었기 때문에 조직을 반대하는 스톤-캠벨운동은 사실상 외부의 강력한 도전을 받고 있었다.

예배 중 악기 사용 문제

환원운동은 초대교회를 지향한다. 초대교회에서는 도덕적인 이유와 우상숭배에 대한 경계 때문에 이교적인 음악과 악기 사용에 대해 부정적 견해가 많았다. 그래서 예배 때 악기를 사용하지 않았다. 환원운동이 발생하기 전 18세기 교회 내 찬양 방식은 크게 가사 읽어주기와 정교한 푸가(fugue) 형식이 있었다. 가사 읽어주기 방식은 성직자나 선창자가 가사를 하나씩 읽어주면 그다음에 회중이 따라 불렀다. 푸가 형식은 대개 성가대가 노래를 부르고 대부분의 회중은 참여하지 못하는 방식이었다. 19세기 초반 복음주의권의 대중적 예배방식은 가사 읽어주기의 단조로움과 푸가의 정교함 사이에 위치했다. 이것은 순회 음악 지도자들이 간단한 악보로 교인들을 훈련하고 회중이 직접 부르는 방식이었다. 논쟁을 불러일으켰던 오르간은 회중 찬송에 도움을 준다는 이유로 점점 교회에 도입되었다. 반면 흑인들은 자신들만의 음악과 예배형식을 개발

남북전쟁과 스톤-캠벨운동

하였는데 노래에 반복을 효과적으로 활용하였다.149) 1850년 이전에 많은 큰 도시 교회가 오르간을 도입하기 시작하였다. 악기는 칼뱅주의적인 금기(개혁교회의 대표자인 츠빙글리나 칼뱅은 교회의 악기 사용을 반대하였다)로 인해 교회 내에서 많은 저항을 받기도 했지만 19세기 후반 대다수 국가는 악기를 수용하였다. 이런 변화는 예배자들이 체면을 중시했기 때문이기도 했다.150) 19세기 중반 미국을 비롯해 전 세계적으로 복음주의 교회 안에는 교회의 경제·사회·교육적 수준을 전반적으로 끌어올리려는 이들과 이에 반발하는 이들이 있었다. 곧 당시는 자신들의 사회적 수준에 맞게 예배당, 오르간, 교육 같은 문제에서 더 발전된 방향으로 가려는 흐름이 존재했던 것이다.151) 그렇게 본다면 스톤-캠벨운동도 남북전쟁 후 그런 흐름에 직면했다고 볼 수 있다. 악기 문제는 남북부의 대립을 반영하면서 교회분열로 이어진 측면이 컸다.

환원운동 초기에는 악기 사용에 대한 별다른 갈등이 없었다. 스톤-캠벨 교회에서는 1859년 핑커턴(Lewis L. Pinkerton, 1812-1875) 목사가 멜로디언을 도입하였다. 이것이 최초의 악기 사용이었다. 음치였던 그는 멜로디언을 사용하여 이 문제를 해결하였다. 그는 신학적으로는 매우 자유주의적인 측면이 있었지만 노예나 고아문제, 금주운동 등과 같은 사회운동에 적극적이었다. 남북전쟁 이후 악기 사용이 늘어가면서 남부로

---

149) John Wolffe, 『복음주의 확장』, 159-161.
150) D. W. Bebbington, 『복음주의 전성기』, 126-127.
151) D. W. Bebbington, 『복음주의 전성기』, 91-93.

9 장

부터 이에 대한 반대의 목소리가 커졌다. 전쟁에서 패한 이들의 눈에 악기 사용은 사치로 보였으며, 영적인 예배를 방해하는 것으로 여겨졌다. 스톤-캠벨운동에서 1860년대 악기 사용 문제는 중요한 논점이 되었다. 벤저민 플랭클린, 맥가비, 모세 라드(Moses E. Lard, 1818-1880)는 악기 사용에 반대했지만 핑커턴, 헤이든(A. S. Hayden, 1813-1880)은 악기 사용을 옹호하였다. 1870년대에도 악기 사용 문제는 해결의 실마리를 찾지 못했다. 미국교회에서 악기 사용은 보편화 되어갔는데 스톤-캠벨운동 교회에서도 마찬가지였다. 반면 악기에 반대하는 이들의 입장은 더욱 강화되었다. 그들은 악기가 하나님이 예배에 허락하지 않은 인간의 발명품이며, 구약시대의 악기 사용은 유대인이 사용한 것으로 신약교회의 예배와는 엄격하게 구별된다는 입장을 가졌다.152)

스톤-캠벨운동에서 가장 먼저 악기를 사용했던 인물은 핑커턴이었다. 그는 멜로디언을 사용하여 자신의 음치 문제를 해결하려고 하였다.

스톤-캠벨운동 교회는 1875년경 분열이 점점

---

152) Richard Tristano, 『환원운동의 역사와 근원』, 207.

남북전쟁과 스톤-캠벨운동

가시화되고 있었다. 또한 1890년경에는 분열이 기정사실이 되었다. 악기 문제는 환원운동 공동체의 중요한 신학적 토론주제였다. 특히 경제적으로 더 여유롭고 신학적으로 더 열려있었던 북부교회에서 갈등의 요소가 되었다.153) 스톤-캠벨운동에서 이처럼 악기 문제가 분열의 핵심적인 요소로 작용한 데는 그것이 "너무 가시적"(so visible)이었기 때문이었다.154) 즉 다른 신앙적 문제와 다르게 악기는 예배당에서 바로 노출되었고 갈등의 요소로 번졌던 것이다. 많은 사람에게 악기 사용이 처음 교제의 기준이 되지는 않았지만 곧 그렇게 되고 말았다.

악기 문제나 선교회에 대해 의견을 달리하는 교회나 지도자들은 교류를 중단하기 시작하였고, 생각이 같은 이들의 관계는 더욱 긴밀해졌다. 19세기 말 대니얼 소머(Daniel Sommer, 1850-1940)는 사실상 스톤-캠벨운동의 분열을 기정사실로 했다. 그는 문제가 되었던 이슈에 대해 보수적 입장을 견지했다. 그는 1889년 8월 18일 일리노이의 쉘비 카운티(Shelby County)에 모인 6천 명의 군중 앞에서 샌드크릭(Sand Creek)교회의 전도자들과 함께 "샌드크릭의 제언과 선언"(Sand Creek Address and Declaration)을 제출하면서 공식적으로 분리를 천명하였다. 그들은 선교회, 악기 사용, 성가대, 외부에서 초빙된 전도자들에 대해 반대 입장을 밝혔

---
153) Donald M. Kinder, *History of the Restoration Movement*, 151.
154) Gary Holloway and Douglas A. Foster, 『하나님의 백성을 새롭게』, 124.

9 장

다.[155] 그리스도인의 일치를 원했던 토마스 캠벨의 "선언과 제언"이 이처럼 "제언과 선언"이라는 분열의 문서로 패러디된 것은 아이러니였다. 립스콤은 1906년 미국인구조사국(United States Bureau of the Census)이 실시한 조사에서 '그리스도의교회'와 '그리스도의제자들'이 서로 다른 교회라고 인정했다. 이로써 하나의 운동이 두 교회가 되었고, 스톤-캠벨운동은 분열되었다. 1906년은 환원운동이 두 그룹으로 분열된 공식적인 해로 인정받고 있다.

스톤-캠벨운동에서 노예제는 교회분열에 일조하기는 했으나 결정적인 이슈는 아니었다. 대표적인 신학적 이슈는 선교회와 악기 문제였다. 그런데 역사적 상황이 찬반에 대한 관점 형성에 크게 영향을 미쳤다. 스톤-캠벨운동은 초대교회로 돌아가는 환원의 원칙으로, 또 본질에 하나 되는 일치의 원칙으로 토마스 캠벨이 주장했던 '성서의 침묵성'에 크게 의존하였다. 성서의 침묵성이라는 것은 성서가 말하지 않는 것에 대해 교회가 어떤 입장을 취해야 하는가에 대한 해석의 문제를 말한다. 곧 성서의 침묵성은 성서가 말하지 않는 부분에 대해 그것은 본질적인 것이 아니므로 '허용'으로 보는 입장과 성서가 말하지 않는 것을 교회에 허용할 수 없다며 이를 '금지'로 보는 입장으로 양분된다.

스톤-캠벨운동에서 미국그리스도인선교회와 악기 문제에

---

155) Mark G. Toulouse 외, Renewing Christian Unity, 109: 송훈, "미국 환원운동의 분열원인 연구: 환원운동의 미국주의적 한계를 중심으로," 41.

남북전쟁과 스톤-캠벨운동

대해 사람들의 의견은 양분되었다. 어떤 이들은 이를 허용으로 보았고, 어떤 이들은 금지해야 한다고 보았다. 그런데 문제는 북부 대부분의 교회는 이를 허용으로 보고, 남부 대부분의 교회는 금지로 보았다는 점이다. 교회의 일치를 위해 토마스 캠벨이 제안했던 "성서가 침묵하는 곳에서 우리도 침묵하자"라는 구호가 오히려 분열의 원인이 된 것은 참담한 일이다. 환원운동에서 발생했던 분열을 조용히 묵상해 보면 성서가 말하지 않았던 것 때문에 분열했음을 알 수 있다. 곧 성서의 침묵성을 어떻게 이해할 것인가가 중요한 논점이었던 것이다. 또한 성서가 말하지 않은 것이 교제의 조건이 되었던 것도 불행한 일이었다.[156] 이처럼 환원운동 역사에서 분열의 가장 중요한 요소는 성서해석의 문제, 즉 성서가 침묵하는 부분을 어떻게 이해할 것인가에 대한 견해 차이에 있었다. 안타까운 점은 그들이 때로 너무 진지했다는 점이다. 지나친 진지함은 우리를 경직된 성서 이해로 이끌 수 있다. 그래서 토마스 캠벨이 이야기했던 침묵에 대해 정말 침묵하지 못하고[157] 금지나 허용이라는 이분법적으로 이해함으로써 분열에 이르고 말았다. 이런 분열의 아픔을 볼 때 성서가 침묵하는 문제

---

156) Michael W. Hines, *History of the American Restoration Movement*, 174, 177. 이점에 대해서 게리 할러웨이와 더글라스 A. 포스터도 그리스도의교회와 그리스도의제자들을 갈라놓았던 문제가 그리스도를 중심으로 한 문제는 아니었다고 본다. 곧 갈등의 요소가 분열할 정도로 본질적이지는 않았다는 뜻이다. 토마스 캠벨은 성경이 침묵하는 곳에서 침묵하자고 했는데 이것은 그런 문제가 성도들의 교제를 중단하는 조건이 되어서는 안된다는 의미였다. 곧 침묵은 금지라기보다는 의견의 자유라는 뜻이다. 그러나 그리스도의교회는 대부분 침묵을 금지로 이해했다. 이는 토마스 캠벨의 의도와는 다르다는 것이다. Gary Holloway and Douglas A. Foster, 『하나님의 백성을 새롭게』, 127-128.

157) Mark G. Toulouse 외, *Renewing Christian Unity*, 111.

9 장

는 '자유'로 보는 것이 더 나은 해결책이 아닐까? 그런 의미에서 침묵을 침묵으로 이해하며 어느 한 편에도 서지 않으면서 화해를 이끌려고 노력했던 래리모어(T. B. Larimore, 1843-1929)의 유산은 값지다고 할 수 있다.158)

스톤-캠벨운동의 분열사 속에서도 래리모어는 연합의 유산을 우리에게 남겨주었다. 그는 악기 문제에 대해 자신의 입장을 표명하지 않았으며, 전도자의 의무는 신약성경의 복음을 선포하는 것이라고 생각했다. 그는 분열을 피하는 유일한 길은 가능한 사항에 대해 '자유'를 허용하는 것이라고 보았다. 그는 어느 입장에 서기보다 성서의 황금률을 따랐다.

---

158) Mark G. Toulouse 외, *Renewing Christian Unity*, 110-111.

10

History of the Restoration Movement

20세기 그리스도의교회 성장과 발전

환원의 정체성을 강조하는 교회 형성(1930년대까지)
미국 사회의 주류로 들어가는 교회(1960년대까지)
보수와 진보, 그리고 새로운 변화

20세기 그리스도의교회 성장과 발전

환원의 정체성을 강조하는 교회 형성(1906~1941)

1906년 미국인구조사국은 그리스도의교회를 그리스도의제자들과 구별된 독립 단체로 파악하였다. 이 인구조사는 스톤-캠벨운동이 두 개의 공동체로 분리된 시점으로 인정받고 있다. 그렇다면 스톤-캠벨운동의 직접적인 뿌리는 19세기 초까지 소급할 수 있지만 그리스도의교회라는 단독 교회만을 고려했을 때 1906년을 그 시작으로 볼 수도 있다. 그리스도의교회는 분열 당시 수적으로 그리스도의제자들에 비해서 매우 열세였다. 대체로 1906년 총 등록 신자 1,142,359명 중에서 159,658명이 그리스도의교회에 속했다. 이 숫자를 기준으로 했을 때 그리스도의교회는 그리스도의제자들의 7분의 1 정도 수준이었다. 당시 그리스도의교회는 주로 시골에 집중되어 있었으며, 신학적으로 보수적이었고, 세속화를 강하게 반대하였다. 또 그리스도의교회는 그리스도의제자들이 스톤-캠벨운동 초기 지도자들의 '옛길'에서 벗어났다고 비판하면서 자신들이 진정한 계승자라고 주장하였다.

그리스도의교회는 20세기 몇십 년 동안 2배 이상 성장했다. 1941년에는 60만 명으로 성장하였다. 이 시기에 그리스도의교회는 월터 스캇의 단순한 복음을 구원의 다섯 단계, 즉 듣기, 믿기, 회개, 고백, 세례받기로 표현하였다. 그리스도의교회는 전도에 헌신하면서 교회를 개척하고 복음을 매우 단순하게

10 장

제시하여 구원의 확신을 심어주었다. 20세기 전체에 걸쳐 그리스도의교회가 성장한 이유로는 다음 몇 가지를 들 수 있다. ①복음집회(gospel meeting)이다. 복음집회에서는 그리스도의교회의 주장을 청중이 납득할 수 있도록 성서적이면서도 이성적으로 가르쳤다. 주요 주제는 교회론, 비교파적 기독교, 환원운동의 구호, 구원론 등이었다. 최종적으로는 집회 참여자들을 세례로써 초청하였다. 대부분의 복음집회는 교회 개척으로 연결되었다. 하지만 최근에는 복음집회가 쇠퇴하고 있다. ②전도운동(campaign)이다. 1960년대 전도운동이 미국 그리스도의교회에서 성행하였다. 이는 20세기 한국의 전도운동과 매우 유사한 방식이었다. 그러나 이 전도운동은 1980년대에 쇠퇴하기 시작한다. ③토론이나 논쟁을 벌이는 것이다. 이 방식은 작은 도시나 시골에서는 효과가 있었다. 다만 세계 제2차 대전 이후에는 이 방식도 쇠퇴하였다. ④방송 매체의 활용이다. 처음에는 라디오, 나중에는 텔레비전에 진출하여 복음을 전했다.

그리스도의교회는 미국뿐만 아니라 선교를 통해 세계적으로도 성장했다. 그리스도의교회는 일반적으로 '후원교회'가 여러 곳에서 선교비를 함께 모아 선교사에게 전달하는 방식을 취했다. 곧 선교회와 같은 '조직'이 아니라 '교회' 자체가 선교의 주체가 되었던 것이다. 1891년 일본 선교를 시작하였다. 그러나 일본 선교에 대한 관심만큼 열매는 크지 않았다. 일본 선교사의 대명사는 맥케일렙(McCaleb, 1861-1953)으

20세기 그리스도의교회 성장과 발전

로 그는 1892년부터 1941년까지 선교하였다. 돈 제인스(Don Carlos Janes, 1877-1944)는 선교사는 아니었지만 선교 활동을 지원한 선교사역의 대부 역할을 감당하였다. 20세기가 접어들 무렵 아프리카에 대한 선교를 시작하였고, 1925년에는 중국을 선교하였다. 이 시기 한국 기독교인들이 미국에서 환원운동을 접하고 그리스도의교회로 들어왔다. 그들은 한국에 선교사로 파송되어 환원운동을 시작하였다. 1930년 한국에서 처음 그리스도의교회를 시작했던 동석기는 미국 유학 도중인 1920년대 후반 스톤-캠벨운동에 참여하였다. 동석기와 함께 그리스도의교회를 개척한 선구자로 평가받는 강명석도 미국 유학 도중에 그리스도의교회를 알게 되었고 1935년 침례를 받으면서 그리스도의교회 선교사와 목회자가 되었다. 한국 그리스도의교회 선구자들이 1920~30년대 미국에서 환원운동을 접했다는 사실은 이들이 교회의 일치보다는 초대교회로의 환원을 더 중시하는 배경 속에 서 있었으며, 그들이 일치를 강조할 때도 그리스도의교회가 주장하는 원칙에 대한 동의가 전제된 일치였음을 짐작하게 한다. 그들은 당시 미국의 보수적인 그리스도의교회의 정체성을 공유하면서 환원운동에 대한 강한 확신을 갖고 있었다. 이 때문에 초기 한국 그리스도의교회는 초대교회를 회복하려는 의지가 강했고, 다른 교파와 다르다는 인식이 컸다.

스톤-캠벨운동의 많은 대학이 그리스도의제자들에 속해 있었기 때문에 그리스도의교회는 새롭게 대학을 설립하였다. 내

10 장

슈빌성경학교(립스콤대학교, 1891), 애빌린기독대학(1906), 프리드-하드먼대학(1908)이 설립되었다(전신은 1869년). 이후 하딩대학(1924), 페퍼다인대학(1937)이 세워졌다. 이 시기 대학은 인문대학이라기보다는 성경대학에 더 가까웠다. 그리스도의교회는 당시 교육에 대해서 의구심을 가졌는데, 이는 아서 크리필드(Arthur Crihfield, 1802-1852)와 존 하워드(John R. Howard), 위넌(Matthias Winans) 등의 영향을 받았기 때문이었다. 이런 경향은 스톤-캠벨운동이 갖고 있었던 초기 대학의 이상과는 많이 다른 것이었다. 대학은 그리스도의교회의 통일성과 정체성 형성에 도움을 주었다. 이 대학들은 아직도 그리스도의교회에 많은 영향력을 갖고 있다. 오늘날 한국 그리스도의교회와 관계하고 있는 미국 대학들은 대부분 1906년 분열 전후에 설립된 것들이다.

20세기 초 그리스도의교회에 많은 지도자가 등장했다. 데이비드 립스콤, 오스틴 맥개리(Austin McGary, 1846-1928), 래리 모어가 그들이다. 1920년대에도 새로운 세대의 지도자들이 출현했다. 하드먼(N. B. Hardeman, 1874-1965), 포이 월리스 주니어(Foy E. Wallace. Jr., 1896-1979), 브루어(G. C. Brewer, 1884-1956)가 그들이다. 하드먼은 그리스도의교회에서 가장 유명한 설교가였다.

그리스도의교회는 교회를 총괄하는 공식적인 기구가 없었기 때문에 1980년대까지 잡지 편집자나 강연회(lectureship) 강사, 대학교수의 영향력이 컸다. 영향력이 있었던 잡지는

「복음 주창자」, 「확고한 터전」(*Firm Foundation*)이었다. 이 두 잡지는 보수적 입장을 견지했으나 「그리스도인 표준」은 보다 진보적이었다. 「미국 기독교 비평」은 처음에는 진보적이었으나 보수적으로 변하였다.

20세기 그리스도의교회 안에 다양한 신학적 논쟁이 발생하였다. 이 시기 그리스도의교회 신학은 많은 부분이 논쟁에서 형성되었다. 20세기 초반 그리스도의교회에서 주일학교(주일학교의 존재가 과연 성경적인가), 성찬 때의 개인용 컵(개인용 컵의 사용이 과연 옳은가), 전천년주의(전천년주의는 과연 성경적인가) 등이 논쟁점과 분열의 단초로 작용했다. 가장 대표적인 경우가 종말론 논쟁이었다. 알렉산더 캠벨은 후천년주의자로서, 세속 영역과 종교 영역에서 진보의 표지가 다가오는 천년왕국을 이끌고 있다고 확신했다.159) 그러나 제1차 세계대전 이후 그리스도의교회의 종말론은 무천년주의가 대세가 되었다. 이 때문에 세대주의적 전천년주의를 믿는 이들이 그리스도의교회 안에 등장했던 1910년 이후 종말론 논쟁은 그리스도의교회에 중심 논제가 되었다. 그리스도의교회 내 근본주의자들이 세대주의적 전천년주의를 주장하자 대다수 그리스도의교회는 이 주장에 거리를 두기 시작하였다. 이런 20세기의 논쟁을 통해 그리스도의교회 안에 하나님의 왕국을 교회로 온전히 동일시하는 신학이 확립되었다. 무천년주의는 하나님의 구원사역이 일어나는 교회의 중요성을 부각하고 현

---
159) Timothy Larsen 편집, 『복음주의 인물사』, 371.

10 장

재의 교회를 미래의 왕국보다 아래에 두는 전천년설과 후천년설의 위협을 제거하였다.160) 다만 오늘날 그리스도의교회 내에 전천년주의를 주장하는 교회도 있다. 당시 논쟁들을 어떻게 평가할 수 있을까? 성경적으로 교회를 회복해보려는 진지함은 이해할 수 있겠으나 그 부작용으로 교회는 매우 논쟁적으로 변했다. 논쟁은 그리스노의교회를 교리적 입장에서 극단으로 몰아가는 경향이 있었고 상대편을 포용하기 힘들게 만들었다. 이는 원래의 초기 정신인 '일치'보다 '차이점'에 집중하게 했다. 또한 복음을 전할 때 예수가 아닌 그리스도의교회를 먼저 이야기하는 분위기도 생겼다. 애석하게도 그리스도의교회의 많은 약점이 이 시기에 발전하였다. 그럼에도 당시 많은 이들이 여전히 일치에 대한 비교파적인 환원의 꿈을 꾸었다는 점은 감사한 일이다.

이 시기 그리스도의교회는 빠르게 성장하고 있었지만 분리주의적 성격이 강했다. 신자들은 일반적으로 가난하거나 노동계급, 즉 하위계층이었다. 많은 교회가 경제적으로 재건 중이던 남부에 있었다. 또한 립스콤의 『시민정부』(*Civil Government*)에 영향을 받은 사람들이 투표 참여를 피하거나 제1차 대전 때 전쟁에 나가는 것을 거부했다. 립스콤은 교회가 세금납부 이외에 국가나 정치문제에 관여하면 안 된다고 가르쳤다. 또 그리스도의교회는 다른 교회들이 벌이고 있었던 도덕적 사회개혁운동에도 거리를 두었다. 스톤-캠벨운동의 중

---

160) 정남수 한국어판 총괄편집자, 『그리스도의교회들 운동 대사전』, 642.

요한 가치 중에서는 교회의 일치보다는 환원을 중시하였다. 인종 관계에 있어서 그리스도의교회는 확실히 당시 문화에 맞서지 못했다. 흑인들은 백인들과는 다른 정체성을 발전시켰다. 흑인 지도자로는 마셜 키블(Marshall Keeble, 1878-1968), 바우저(G. P. Bowser, 1874-1950) 등이 있었다. 종합적으로 이 시기 그리스도의교회는 환원을 중시하는 매우 정체성 강한 교회가 되었다. 반대로 이런 정체성 강화는 미국 사회 및 다른 교파와 거리를 두는 성향을 강화시킨 부작용도 있었다.

미국 사회의 주류로 들어가는 교회(1960년대까지)

제2차 세계대전은 그리스도의교회에 전환점이 되었다. 제2차 대전 후 그리스도의교회는 미국 종교의 가파른 성장에 완벽하게 참여하게 된다. 이 시기에 해외 선교도 활발하게 진행되었고 대학도 많이 설립되었다. 제2차 세계대전 이후 해외 선교가 급격히 성장하였다. 인도에서 신자 수가 가장 많이 증가하였다. 그러나 여전히 대학들은 흑인들을 수용하지 못해 별도의 대학을 설립했다. 반면 사우스웨스턴기독대학(SWCC)은 흑인 목회자와 교회 지도자를 양성한 대학으로 유명하다.

그리스도의교회 전도 방법도 시대와 상응해 변화하였다. 효과적인 교회 공간의 운영, 라디오와 텔레비전을 사용한 전도 등은 그리스도의교회를 성장시켰다. 다만 이런 방식을 정체성

10 장

의 위기로 느낀 이들도 있었다. 비제도주의(noninstituionalism)를 주장하는 사람들이 대표적이다. 그들은 제도주의를 반대했다. 이들은 제2차 대전 이후에도 20세기 전반 그리스도의교회가 갖고 있었던 분리주의적 성향을 지속적으로 가지고 있었다고 볼 수 있다. 결국 "교회가 교육기관, 자선단체 등 제도와 조직이 있는 기관을 지원할 수 있는가?" "교회들이 공동으로 라디오나 TV 선교프로그램을 지원하는 방식이 옳은가?" 등의 논란 때문에 1950년대 중반 비제도주의 운동을 지지하는 이들은 그리스도의교회 주류로부터 분리해 나갔다. 비제도운동의 신학적 이슈 뒤에는 당시 1950년대 미국 그리스도의교회의 사회·정치적 상황이 반영되어 있다. 비제도운동은 중산층 지향의 주류교회에 대한 하층·반귀족적 경향을 보여준다. 비제도교회를 지지하는 이들은 남북전쟁 이후 그리스도의교회와 그리스도의제자들이 점차 분리되었던 상황과 매우 유사한 역사적 맥락을 갖고 있다. 비제도교회는 교회가 대학, 학교, 자선단체, 방송 매체 등에 기부를 지속하는 것과 '후원하는 교회' 제도를 반대하였다. 또한 그들은 교회가 제도를 지원하며 제도화되어가는 것에 비판적이었다. 비제도교회는 1950년대 그리스도의교회 내에서 중요한 쟁점이 되었으며 1960년대 초 그리스도의교회 구성원의 10% 정도가 분리되어 나갔다. 그들은 한동안 어려운 시기를 보내다가 1980년대 괄목할 만한 성장을 이루었다. 플로리다대학(Florida College)은 이 비제도운동에 속해 있다. 2000년대 초반 미국에는 비제도교회가 2천 개가 넘고 교인 수는 12만 명 정도 된다. 이 외에도 그리스도의교회 비주류 교회로는 주일학교와 같은 분반 활동에 반대하면서 전체 교회 구성원이 모두 함께하는 예배를 지향하는 교회(1,100개), 만찬 시 하나의 컵을 사용해야 한다고 보는 교회(550개 교회), 한 사람이 대부분의 설교를 하는 것을 반대하는 교회(130개)가 있다. 비제도교회는 2000년대 초반을 기준으로 했을 때 그리스도의교회 비주류 중에서는 가장 크다.161)

이런 내부적 분열에도 불구하고 이 시기 그리스도의교회는 미국 사회의 주류로 진입해 들어갔다. 그리스도의교회는 중산층 교회가 되었다. 그리스도의교회 교인이 된다는 것은 더이상 문화적으로 소외된다는 것을 의미하지 않게 되었다. 사회적으로도 인정받았다. 정치적으로 민주당에서 공화당으로 이동하는 사람들이 많아졌고, 정치적인 이슈에 대해서도 변화보다는 현상 유지를 지지하는 보수적 입장을 견지하게 되었다. 이런 정치적 변화와는 달리 신학적으로는 큰 변화가 없었다. 대체로 더는 환원할 것이 없으므로 이것을 잘 유지해야 한다고 생각했다. 이 때문에 한 가지 역설이 발생했다. 문화적으로는 교회 밖 세상과 더 긴밀해 졌지만, 그리스도의교회의 정체성은 더욱 강해졌다는 점이다. 미국 문화에 정착하고 중산층의 정치적 입장을 지지했지만 신학적으로는 창의성이 부족

---

161) W. Dennis H. Jr. 외, *Renewal for mission*, 118; Eds. Douglas A. Foster 외, *The Encyclopedia of The Stone-Campbell Movement*, 567-569 참조.

10 장

했던 시기였다.

보수와 진보, 그리고 새로운 변화

그리스도의교회 성장은 1980년대에 주춤해졌다. 또한 교회 내에는 1960년대 자신들을 유일한 그리스도인이며 다른 그리스도의교회를 자유주의라고 비난하는 '보수'와 스톤-캠벨운동의 연합과 사회적 문제들에 관심을 두는 '진보'가 모습을 드러내었다. 오늘날 보수적 그리스도의교회는 1930~40년대 교회 분위기를 반영한다. 당시 그리스도의교회는 자신들이 유일한 그리스도인이며, 전천년설에 반대하고, 반대자들과 교제하지 않는 등 배타적인 경향이 강했다. 반면 오늘날 진보적 그리스도의교회는 자신들을 유일한 그리스도인(the only christian)이 아닌 단지 그리스도인(simply christian)이라 보며, 일치를 강조하는 등 초기 스톤-캠벨운동에서 역사적 정당성을 얻으려 한다. 오늘날 그리스도의교회는 이처럼 보수와 진보라는 내부적 긴장도 있지만 스톤-캠벨운동의 다른 지류와의 협력 증진, 성령의 사역에 대한 관심 증가 등 새로운 변화를 보여주고 있다. 오늘날의 세대는 성령에 대한 관심이 증가하고, 지난 시대의 교리적 논쟁을 지양하고 기독교 삶과 가난한 자를 돕는 일에 관심을 많이 갖고 있다. 또 더 기도하고 덜 논쟁하기를 원한다. 2000년대 초 미국에서 그리스도의교회 회원은 1,300,000명 정도이며 세계적으로는 3,000,000여 명 정도가 있다. 미국에 13,000여 개의 교회가 있는데, 텍사스와 테네시에 전 교인의 28%가 살고 있고, 인구대비로는 테네시 비중이 가장 높다.162)

안타까운 일은 1990년대 그리스도의교회 안에서 하나의 분리 운동이 발생했다는 점이다. 국제그리스도의교회(International Churches of Christ, ICOC)는 1993년 주류 그리스도의교회에서 분리해 나갔다. 전에 이 운동의 지도부가 보스턴 그리스도의교회(Boston Church of Christ)에 있었기 때문에 '보스턴 운동'이라고도 부른다. 국제그리스도의교회는 크로스로드교회(Crossroads congregation)의 척 루커스(Chuck Lucas)가 캠퍼스 사역을 통해 시작하였고 복음전도와 일대일 제자화를 강조하였다. 국제그리스도의교회는 제자훈련 파트너를 두고 교인들을 훈련시키는 데 이들 리더에 대한 절대 순종을 강조한다. 여성들의 사역과 악기 사용, 상하복종식 조직 체계는 주류 그리스도의교회와의 차이점을 보여준다.163)

---

162) Eds. Douglas A. Foster 외, *The Encyclopedia of The Stone-Campbell Movement*, 212-213.
163) 정남수 한국어판 총괄편집자, 『그리스도의교회들 운동 대사전』, 53-54.

필자 생각에 ...

한국에서 가장 유명한 그리스도의교회 목회자는
오크 힐 그리스도의교회 선임 목사인
맥스 루케이도(Max Lucado)일 것이다.

그는 그리스도 중심의 '순전한 기독교'를 대변하는 인물로
『예수님처럼』과 『끝까지 나를 포기하지 않으시는 하나님』 등
많은 대표작을 가지고 있다.

그는 그리스도의교회와 복음주의의 다리를 놓고 있다.

11

History of the Restoration Movement

스톤-캠벨운동의 다른 지류

그리스도의제자들(Disciples of Christ)
그리스도인교회(Christian Churches)

스톤-캠벨운동의 다른 지류

오늘날 스톤-캠벨운동은 세 지류를 형성하고 있다. 스톤-캠벨운동은 역사적으로 19세기 초 미국에서 발생하였다. 엘리아스 스미스, 애브너 존스, 제임스 오켈리는 환원운동의 선구자이지만 오늘날의 스톤-캠벨운동과는 직접 연결되지 않는다. 스톤-캠벨운동에서 스톤은 발톤 스톤을 의미하는데 1804년 "스프링필드 노회의 최후 유언과 증언"이라는 문서를 발표했고, 장로교 노회를 나와 성서가 말하는 단순한 그리스도인이 되고자 하였다. 스톤-캠벨운동에서 캠벨은 알렉산더 캠벨을 의미한다. 그런데 알렉산더는 아버지 토마스 캠벨과 떨어뜨려 설명할 수 없다. 토마스 캠벨은 1809년 '워싱턴 그리스도인연합'을 만들고 "선언과 제언"을 발표하였다. 그 후 아들 알렉산더는 아버지의 사상에 전적으로 공감하고 환원운동을 전개한다. 서로 다른 지역에서, 서로 다른 지도자에 의해 형성되었던 두 운동이 1832년 연합하면서 결정적으로 스톤-캠벨운동이 탄생하였다. 그런데 이 운동은 1860년대 남북전쟁을 거치며, 악기 사용이나 교회 조직의 문제로 서로 갈등하였고 사회·경제적 환경들은 이런 갈등을 더 심각하게 몰아갔다. 그래서 1906년 스톤-캠벨운동은 보수적인 그리스도의교회와 진보적인 그리스도의제자들로 분열하게 된다. 그리스도의교회는 스톤-캠벨운동의 세 그룹 중 가장 보수적인 교회로 분류된다. 총괄하는 연합기관이 없으므로 이 교회들의 의

11 장

견을 모으고, 방향을 설정하기 위해 잡지가 많이 발전하였다. 환원운동의 두 동기는 진리의 동기(truth motive)와 일치의 동기(unity motive)이다. 진리의 동기는 신약성서만의 가르침과 실천(예배의식)에 기초한다는 뜻이다. 일치의 동기는 교파주의에 대한 명백한 반대와 교회일치와 연합을 말한다. 그리스도의제자들이 일치를 진리의 문제보다 우선시하는 반면 그리스도의교회는 진리의 문제를 일치의 문제보다 우선시한다. 앞장에서 그리스도의교회에 대해 충분히 살펴보았기 때문에 이 장에서는 그리스도의제자들과 그리스도인교회들에 대해 살펴보고자 한다.

그리스도의제자들(Disciples of Christ)

문화의 영향   19세기 제자들교회의 신학은 일반적으로 백인, 중산층, 남성 중심적이었다. 제자들교회 일부에서는 일치에 대한 분명하고 독특한 신학적 의미를 상실하고 이것을 진보, 문명화, 미국화, 개신교화로 이해하였다. 그리스도의제자들은 19세기 변화된 문화상을 적극적으로 수용하였는데 이는 제자들이 신학적인 것보다 문화적 세례를 더 많이 받았다는 뜻이다. 그리스도의제자들에서는 1890년대 그리스도인의 일치에 대한 새로운 생각이 발전하였다. 이런 경향에 영향을 미친 것이 만국박람회(World's Columbian Exposition, 1893)와 미서

스톤-캠벨운동의 다른 지류

전쟁(American-Spanish War, 1898)이었다. 이는 당시의 사회적 변화를 반영한 것이다. 제자들교회의 지도자들은 시카고에서 열린 만국박람회에 참가하여 깊은 인상을 받았는데 그들은 모든 시대의 흐름이 일치로 향하고 있다는 낙관적인 전망을 했다. 그들은 시대가 매우 진보하고 하나님의 나라를 향해 가고 있다고 낙관하였다. 그들은 이런 그리스도인의 일치를 진보의 징표로 이해하였다. 제자들교회는 미서전쟁 기간 문명화가 앵글로 색슨족과 개신교의 노력에 전적으로 의지한다고 생각하였다. 그들 안에 반가톨릭주의 정서가 매우 발달하였고, 이 때문에 그들은 일치를 앵글로 색슨족의 개신교에 융합되는 것으로 생각하였다. 그들은 인디언이나 흑인문제에 대해서는 문명화와 미국화를 통해 해결하려는 인식을 가졌다.164)

진보적 신학   20세기 초 그리스도의제자들의 신학에 근본적인 변화가 있었다. 미국에서는 극단적 자유주의에 대항하여 근본주의가 발전하고 있었다. 반면 제자들의 지도자들 대부분은 '복음주의적 자유주의'(Evangelical Liberalism) 신앙을 소유하고 있었고, 일부 극소수는 '근대주의적 자유주의'(Modernistic Liberalism) 신앙을 소유하고 있었다. 근대주의적 자유주의의 대표적인 인물은 아메스(Edward Scribner Ames, 1870-1958)였고, 대표적인 복음주의적 자유주의자는 윌렛(Herbert L. Willett, 1864-1944)이었다. 윌렛이 1894년 시카

---

164) Mark G. Toulouse 외, *Renewing Christian Unity*, 113-122.

11 장

고대학교(University of Chicago) 안에 세운 제자들교회신학원(Disciples Divinity House, DDH)은 교회와 학교 사이에서 미래 리더십과 뛰어난 학문성을 잘 연결했다. 이를 통해 환원에 대한 제자들의 관점은 점차 약해지기 시작하였다. 서신서나 사도행전에 대한 강조가 아닌 복음서에 나타난 그리스도의 삶이 강조되고, 하나님 나라에 대한 인간의 참여와 주도성이 강조되었다. 또 재림은 인류 안에 하나님의 사랑이 증대되는 것으로 해석되었다. 아메스와 윌렛은 자유주의와 근대교육을 받은 제자들교회의 지도자를 위한 캠벨원(Campbell Institute)을 설립하였다.

1900년경 제자들의 지도자들은 주류 개신교(mainline Protestantism)에 완전히 참여함으로써, 환원운동의 초기 이상보다는 교파적 협력을 중시하였다. 제자들교회는 보수적이었지만 제자들 지도자의 주류는 자유주의적이었다. 그들은 제자들 기관들의 지도력을 거의 장악하였고, 이내 교회에도 영향을 미치기 시작하였다. 20세기에 들어서자 제자들은 자신들을 교파의 하나로 인식하였다. 제자들교회는 20세기 자신들의 한계를 인식하면서 관용에 눈을 떴고, 가시적 일치운동에 참여하였다. 제자들은 에큐메니즘에 주도적으로 참여하였고, 자신들을 운동이 아닌 조직화된 교회로 이해하였다. 제자들교회는 에큐메니컬 기관에서 중요한 지도력을 행사하고, 처음부터 세계 에큐메니컬 모임에도 적극적으로 참여하였다. 그들은 1910년 에큐메니컬 기관인 그리스도인연합협의회(Council on

Christian Union)를 설립하였다. 제자들은 1910년 에든버러 세계선교대회에 참여하고, 1948년 세계교회협의회(WCC) 설립에 동참하였다. 1920년대 제자들은 세 가지 흐름을 보였는데, 엄격한 환원주의자들(보수파), 근대적 자유주의자(진보파), 중도적 환원주의자(다수파)였다.165)

그리스도의제자들의 교단화   제자들교회가 처음 성장한 이유는 일치에 대한 강조와 단순한 메시지(그리스도는 하나님의 아들이다) 때문이었다. 특히 미국 지도자 그룹에 잘 수용되었다. 제자들교회는 19세기 후반 급속한 성장, 20세기 전반기의 완만한 성장, 20세기 후반기의 급속한 쇠퇴로 정리할 수 있다.

제자들교회에서 「그리스도인 복음전도자」(*The Christian Evangelist*)는 1909년 공식잡지가 되었다. 신시내티에서 1919년 연합그리스도인선교회(United Christian Missionary Society, UCMS)가 설립되었는데, 이 단체는 국내의 모든 사역을 관할하였다. 선교회(UCMS)는 실제로 선교, 에큐메니컬 노력, 교육 방면에 상당한 기여를 하였지만 선교를 실용적으로 접근하여 신학적 질문이 부족한 문제가 있었다. 무어(W. T. Moore, 1832-1926)는 1870년대 런던에서 개방 회원제(open membership)를 허용하는 교회에서 사역하였다. 19세기 후반부터 개방 회원제를 지지하는 이들이 등장하였다. 다른 기독교인들과 선교회와 협력 사역을 하게 되면서 교계예양, 즉 선

---

165) Mark G. Toulouse 외, *Renewing Christian Unity*, 125-134.

11 장

교지 분할을 수용하였다. 선교 지역이 바뀌면서 다른 교회에서 세례받은 이들에 대한 재침례 문제가 발생하였다. 제자들은 이들을 재침례 없이 수용하였다. 중국에서의 연합활동은 사역자, 목회자, 회원 등의 개방적인 상호교환으로 이루어졌다. 이에 1900년대 보수파는 선교회(UCMS)에 대한 지원을 중단하였다. 개방회원제를 허용한 선교회의 입장을 지지한 이들은 협력파(Cooperative)라고 불렸고, 선교회나 국제대회(International Convention, IC)에 참여하지 않는 이들은 독립파(Independent)라고 불렸다. 독립파는 제자들 안에 일어난 새로운 변화를 거부하고, 1927년 별도로 북미그리스도인대회(North American Christian Convention, NACC)를 조직하였다. 보수파였던 그들은 자유주의 신학(성서비평학), 에큐메니컬 운동, 개방회원제를 불편하게 생각하였다.

1950년대 그리스도의제자들은 선교와 조직의 의미에 대해 재고하고, 세계 선교의 새로운 신학적 이해에 참여하기 시작하였다. 그들은 식민지적 선교를 반성하고, 하나님의 선교를 지향하였다. 이런 신학적 고민 속에서 1968년 재구성위원회(Commission on Restructure)는 교회에 대한 생각을 바꾸었다. 그들은 교회를 회중들(교회들)에서 단일한 '교회'로 규정하였다.[166] 이는 제자들교회가 자신들을 교파로 인식한다는 뜻이기도 했다. 그래서 1968년 그리스도의제자들은 재구성을 통해 교단화되었다. 이는 적어도 신학적으로 중앙조직으로부터

---

166) Mark G. Toulouse 외, *Renewing Christian Unity*, 137-149.

스톤-캠벨운동의 다른 지류

자유로운 개교회와 선교단체들의 형태를 포기한 것이었다. 이 때 교회의 명칭은 그리스도인교회(그리스도의제자들) - Christian Church(Disciples of Christ) - 을 채택하였다. 그러나 이런 움직임은 보수적 인사들의 반발을 사 결국 교회분열에 이르고 말았다. 1967~1972년 사이 75만 명의 회원과 3,500개 교회가 제자들을 떠나 그리스도인교회를 형성하였다.

여러 난관 그리스도인교회와의 분열이라는 악재에 더해 제자들교회는 연합그리스도의교회(United Church of Christ)와 주류 개신교(mainline Protestantism) 교파와 마찬가지로 1970년대 중반 이후 교회 신자의 급격한 쇠퇴를 경험하였다. 제36대 미국 대통령 린든 존슨(Lyndon Baines Johnson, 1908-1973), 제40대 대통령 레이건(Ronald Reagan, 1911-2004)은 제자들교회 출신이다. 이는 제자들의 폭넓은 정치·사회적인 영향력을 보여주고, 그들이 미국 사회·문화의 주류에 있음을 드러낸다. 제자들교회의 샤론 와킨스(Sharon Watkins, 1954년생)가 2009년 오바마(Barack Obama, 1961년생) 대통령 취임 설교를 한 것도 마찬가지였다. 그러나 이런 영향력과 별개로 제자들교회는 수적으로 크게 줄어들고 있었다.

제자들교회가 성장이 멈춘 이유로는 외적 요인과 내적 요인 모두를 들 수 있다. 외적 요인으로는 미국 인구이동으로 인한 손해, 독립교회의 성장, 대안 문화의 보편화(기독교가 아닌), 종교다원주의의 일반화 등이다. 내적 요인으로는 1968년

11 장

이후 받은 재정적인 타격을 들 수 있다. 예를 들면 제자들교회는 「제자」(*The Disciple*)의 발행을 중단(2002)하였고, NBA가 파산 위기에 처했으며(2004), 선교자금은 축소되었다. 그리스도의제자들은 1960년대 이후 수적인 감소를 경험하고 있으며, 교회 내에서 확실한 신앙적 기준을 제공하지 못해 어려움을 겪고 있다. 그리스도의제지들은 2001년 3,743개 교회에 80만 7천 명의 회원이 있는 것으로 보고되었다.

이런 수적인 감소를 전환하려는 여러 노력이 시도되고 있다. 예를 들면 '비전 2020'을 들 수 있다. 교회 안에 이런 변화도 감지되지만 어려움이 지속되고 있는 것도 현실이다. 제자들은 21세기 초반에 "정체성 진술"(Statement of Identity)을 발표하였다. 제자들의 과제는 미국 문화의 흐름을 인정하면서도 그 중심에서 그리스도인의 명확한 정체성을 지닌 세상의 기관과는 구별된 목소리를 내야 한다는 것이다. 제자들교회는 미국 문화의 중심부에 위치하지만 종교 생활은 주변부에 머무는 경향이 있다. 문화의 주변부에 있더라도 교회의 정체성을 명확히 해야 하는 과제가 남아있는 것이다.[167]

일치 안에서의 다양성 그리스도의제자들 사이에서는 일찍부터 여성사역이 활발하게 진행되었다. 특히 1874년 설립된 그리스도인여성선교위원회(Christian Woman's Board of Missions, CWBM)는 여성들을 중심으로 중단된 해외 선교지에

---

167) Mark G. Toulouse 외, *Renewing Christian Unity*, 153-162.

스톤-캠벨운동의 다른 지류

선교사를 재파송하고 흑인들과 라틴인들에 대한 사역을 활발하게 진행하였다. 19세기 후반에 여성 설교자가 안수를 받고 절제사업이나 선교사업에 활발하게 활동하면서 보수파와 긴장이 형성되었다. 1893년 「그리스도인 표준」에서는 교회에서 여성의 역할에 관한 여러 논의가 있었다. 이는 올바른 성서해석과 관련된 논쟁이었다.168) 제자들은 주류 개신교 안에서 가장 먼저 여성 안수를 허용하였다. 그럼에도 미국 내 담임 목사는 소수였다가 최근에는 30% 정도 차지하고 있다. 여성신학자도 학계에서 주목할 만한 활동을 하고 있다.

그리스도의제자들이 수적으로는 감소하고 있으나 비백인 교회는 지속해서 성장하고 있다. 흑인들도 여성처럼 제자들 사이에서 주도적인 목소리를 내기까지 많은 어려움이 있었다. 제자들교회에서 몇 개의 대형교회는 흑인 중심 교회이다. 비백인 제자들교회 중에서 아프리카 미국인, 히스패닉, 아시아계 순으로 숫자가 많다. 미국에서 동성애 문제는 1960년대 이후 출현한 오래된 문제이다. 주류 개신교에서 가장 먼저 동성애자 목사 안수를 준 교회는 1972년 연합그리스도의교회였다. 제자들교회는 1979년 동성애자 안수 문제를 전체 교회가 아닌 지역교회의 문제라고 결정하였다. 제자들교회는 현재 몇 개 지역만 동성애자 안수 문제를 수용하고 있다. 제자들교회는 사회정의와 현대의 도덕적 이슈에 관심이 많다.

제자들교회는 에큐메니컬 활동에 적극적이다. 그리스도의제

---

168) Mark G. Toulouse 외, *Renewing Christian Unity*, 104-107

11 장

자들은 1987년 유아세례를 인정하고, 재침례를 인정하지 않는 에큐메니컬 운동의 신학적 입장을 지지했다. 제자들은 교파 간 협력사업과 리더십에 중요한 역할을 담당하고 있다. 제자들은 오랜 기간 연합그리스도의교회(UCC)와의 협력을 추진하였으며 1985년 에큐메니컬 협력 선언을 승인하였다. 이후 이들 교회의 협력은 목회자와 성도의 공유 수준까지 이르렀다. 제자들교회는 스톤-캠벨운동의 세 지류의 연합모임인 스톤-캠벨대화(Stone Campbell Dialogue, 1999)를 진행하고 있다. 제자들교회는 인간 역사에 개입하는 하나님에 주목하여 세계 문제에 관심을 가지며, 교회일치에 적극적이다. 그들은 다양성 속에서의 일치를 추구하면서, 교회의 다양성을 긍정한다.[169]

그리스도인교회(Christian Churches)

그리스도인교회의 분열에서 주목되는 해는 북미그리스도인대회(NACC)가 설립된 1927년과 제자들교회가 교단화를 공식화한 1968년이다. 그럼에도 그리스도의제자들로부터 그리스도인교회가 분리한 시점은 사실 명확하지 않다. 불명확한 분리 시점은 이 분리가 장기간에 걸쳐 진행되었으며 한 가지의 사건으로 이루어진 것이 아님을 보여준다.[170] 대부분의 교회와

---

169) Mark G. Toulouse 외, *Renewing Christian Unity*, 165-176.

스톤-캠벨운동의 다른 지류

신자들은 어느 한쪽에 전적으로 속하지 않았으며, 환원운동을 하나로 만들려는 노력이 지속되고 있었다. 그러나 누구를 재정적으로 도울 것인가를 결정할 때와 잡지나 교육 자료를 선택할 때 공동체의 의견은 양분되었다. 특정 교육기관이 독립파로 기울거나 독립파가 새로운 교육기관을 설립할 때 협력파와 갈라졌다. 1968년 재구성위원회의 결과 제자들교회가 하나의 교단이 되자, 그리스도인교회도 자신들의 독자적인 정체성을 발전시켰다.171) 이 때문에 학자들은 1960년대 말과 1970년대 초에 있었던 그리스도의제자들의 재구성이 오늘날 존재하는 두 그룹의 최종적이며, 공식적인 분열의 확증이라고 여긴다.172) 이들의 분열 원인은 현대주의자들과 근본주의자들의 논쟁과도 유사하다(신학적인 차이). 또한 스톤-캠벨운동이 새로운 시대에 새롭게 적응해 가야 하는지, 아니면 현대주의자들의 공격을 방어해야 하는지의 문제를 제기하였다. 두 교회로의 분열을 제자들교회 내 보수파의 분립으로 이해할 수도 있다. 왜냐하면 그리스도인교회는 제자들교회보다 더 보수적이었기 때문이다.

---

170) 갈등은 ①1920년대 말, 연합그리스도인선교회(UCMS)의 개방회원제, 성서대학, 북미그리스도인대회의 설립, 독립선교의 급증에 기인한다. 또한 신시내티에 기반한 「그리스도인 표준」의 보수적 입장도 이런 갈등에 기여하였다. ②1940~1950년대 '협력파'와 '독립파'의 분열을 들 수 있다. 자유파와 보수파를 연합시키고 중도적 입장을 강화하려고 했던 Commission on Restudy of the Disciples of Christ(1934-1949)의 실패와 Honor Roll of the Faithful(1947)도 이런 갈등에 기여하였다. Honor Roll of the Faithful은 연합그리스도인선교회에 속하기를 원하지 않았던 교회의 목록이다. ③1960년대 중반 "What Brotherhood Cooperation Means"라는 팸플릿은 독립파를 비판하는 서적으로서 서로의 간격을 보여주었다. Eds. D. Newell Williams 외, *The Stone-Campbell Movement: A Global History*, 195-196.
171) W. Dennis H, Jr. 외, *Renewal for mission*, 103-112.
172) Eds. D. Newell Williams 외, *The Stone-Campbell Movement: A Global History*, 196.

11 장

여기서 잠시, 결국 분열에 이르렀던 여러 요소를 구체적으로 살펴보자. ①신학적인 현대주의와 자유주의의 성장을 들 수 있다. 이는 은퇴로 성경대학의 교수진이 교체되면서 새로운 교수진의 신학이 이전 교수들과 다른 데서 갈등이 증폭되었다. 또한 보수적인 제자들교회 신도들은 현대주의에 물들지 않은 성경대학을 세우는 운동을 벌였다. 신시내티신학교(Cincinnati Bible Seminary, 1924)는 이러한 보수적 입장을 견지하면서 환원의 기치를 강조한 대학이다. 신시내티신학교는 고등비평의 파괴적인 영향을 경계하면서 성서에 대해 보수적으로 접근하였다.[173)]

②에큐메니컬 운동의 문제, 즉 1908년의 미국교회연합회(Federal Council of Churches)의 조직에 관한 문제였다. 이 조직에 참여하는 것이 스톤-캠벨운동의 이상인 연합(unity)을 실현해 가는 하나의 길인지, 혹은 교단을 거부했던 스톤-캠벨운동의 목표를 포기한 것인지에 대한 논쟁을 불러일으켰다.

③개방회원제 문제가 있었다. 이는 침례가 아닌 유아세례나 약식세례를 받은 사람들을 그리스도의제자들의 완전한 교회 회원으로 수용할 것인가의 문제였다. 1920년 중국 선교사들이 이를 현지에서 시행하려고 하자 큰 논란이 일었다.

④교리적인 문제의 성패를 좌우했던 사회학적인 요소들을 지적할 수 있다. 특히 시골에 근거한 보수적인 견해와 도시에 근거한 자유적인 견해차가 존재했다. 진보주의자들이 조직의

---

173) W. Dennis H, Jr. 외, *Renewal for mission*, 105.

스톤-캠벨운동의 다른 지류

효율성을 강조한 반면, 보수주의자들은 중앙집권화의 부정적 측면을 강조하였다.

결국 1927년 북미그리스도인대회가 열렸는데, 이는 그리스도인교회의 모체가 되었다. 「그리스도인 표준」은 이런 기류가 형성되는 데 많은 영향을 미쳤다. 「그리스도인 표준」은 보수적 기조로 연합그리스도인선교회(UCMS)의 정책을 반대하였다. 더 보수적인 「환원전령」(*The Restoration Herald*)도 마찬가지였다. 1934년부터 1948년까지 두 그룹을 화해시키려는 시도가 있었다. 그러나 1950년 북미그리스도인대회는 항구적인 기구가 되었다. 그리스도인교회의 전국적인 두 번째 모임은 선교사업을 목적으로 한 전국선교사대회(National Missionary Convention, 1951)이다. 개교회의 자율성과 독립성이 강조되었기 때문에 해외 선교사는 개인이나 교회들로부터 후원을 받고 선교하는 방식이 일반화되었다. 이 방식은 불완전하게 보일 수 있으나 실제로는 매우 안정적이고 효과적인 것으로 드러났다. 1968년 제자들교회의 개편으로 이들은 정식적인 분열에 이르렀고, 1971년 미국교회연감(Year book of American Churches)에 각각 기재되었다. 이 분열은 전국적이었으며, 미대륙의 1/2에서 수적으로는 제자들교회를 넘어선 것이었다. 도시에서는 여전히 제자들교회가 우세했다. 이는 사회학적인 분석, 즉 자유파는 도시, 보수파는 시골에서 강세인 것을 보여주는 듯하다. 그러나 이런 분열에도 불구하고 제자들교회의 여러 시설은 여전히 스톤-캠벨운동의 다른 지류에 개방되어 있다.

11 장

20세기 그리스도인교회의 발전과 교회의 특징 그리스도인교회는 1920년대부터 제자들과의 사이가 소원해지다가 1950년대 분명한 정체성의 차이가 드러났다. 바이블 볼(Bible Bowl, 1965)이라는 성경퀴즈대회는 독립파의 북미그리스도인대회의 성장에 기여하였다. 이 대회는 독립파의 구심점 역할을 하였다. 해외 선교와 국내 전도가 모두 성장하였다. 캠퍼스 사역, 대학 지원 사역, 사회봉사활동도 적극적으로 전개하였다. 그리스도인교회는 일치, 환원 모두 세계가 믿도록 하는 전도라는 궁극적 목적의 수단이라고 주장하였다. 그리스도인교회 일부는 환원을 '패턴주의'로 이해하면서 율법화의 위험에 빠지기도 하였고, 다른 일부는 환원을 교회의 계속적인 개혁의 요청으로 보고 이 땅에서의 환원은 완전히 성취하기 어렵다고 보았다. 그럼에도 전체적으로 일치에 대한 관심은 부족하였다. 신학적으로 대체적인 분위기는 보수적이었다. 그러나 패턴주의를 주장하는 보수파로부터 온건파까지 다양하게 분포하였다. 다른 기독교 운동과의 협력은 지속적으로 증가하였다. 문화적으로는 미국의 보수적인 문화를 수용하였다. 1950~1990년대 초는 그리스도인교회가 명확한 자기 정체성을 형성한 시기였다.[174]

그리스도인교회는 1990년대 이후에도 계속 성장하였다. 2002년 숫자를 보수적으로 잡았을 때도 회원이 120만이었다.

---
[174] W. Dennis H, Jr. 외, *Renewal for mission*, 115-122.

스톤-캠벨운동의 다른 지류

기독교의 보편성을 추구했던 그리스도인교회가 탈교파주의(post-denominational) 시대와 맞아떨어진 측면은 성장에 도움이 되었다. 이 시기는 그리스도인교회의 성장, 제자들교회의 쇠퇴, 그리스도의교회의 정체로 정리할 수 있다. 2008년 2천 명 이상 출석하는 대형교회가 1,331개였는데 그리스도인교회는 38개였으며 이 중 3개는 만 명 이상이 출석하는 교회였다. 대형교회 중 그리스도의교회는 14개, 그리스도의제자들은 1개였다. 그리스도인교회의 대형교회는 1990년대의 산물이다.[175]

그리스도인교회는 침례만을 주장한다. 또 침례를 죄의 용서와 관련시키지만 물에 의한 중생은 거부한다. 주의 만찬은 기념의 의미가 강하며 장로가 보통 행하고 모든 믿는 자에게 개방되어 있다(open communion). 그리스도인교회는 마태복음 16장 16절 "주는 그리스도시오 살아 계신 하나님의 아들이시니이다"의 신조 외에는 인정하지 않는다. 신조는 그리스도만(No Creed But Christ)임을 심각하게 받아들인다. 그리스도인교회는 계몽주의의 영향 받았다. 그래서 성서무오설을 수용하고, 고등비평을 거부하더라도 근본주의와 유사한 부분이 있지만 체질적으로 같지 않다. 그리스도인교회는 교회 이외의 기구나 조직에 반대한다. 지역교회는 우주적 교회의 축소판이라고 생각한다. 장로나 집사는 지역교회를 책임진다. 목사 안수를 하지만 평신도와의 구별이 크지 않아 평신도가 세례를 주거나 장로가 성찬을 인도할 수 있다. 여성의 역할은 제한되

---

[175] W. Dennis H. Jr. 외, *Renewal for mission*, 127-128.

11 장

어 있으나 그리스도의교회보다 더 앞서있다. 여자 집사를 허용하고 성경 대학에서 선생으로 가르칠 수 있다. 여성의 역할이 속도는 느리지만 점점 늘어나고 있다. 32개의 성서대학이 그리스도인교회와 연결되어 있다. 또 인가받은 임마누엘신학원(Emmanuel School of Religion), 신시내티신학교, 링컨기독신학교(Lincoln Christian Seminary)는 대학원 신학교이며, 밀리건대학(Milligan College)은 인문대학이다. 21세기 초에 캐나다와 미국에서 그리스도인교회는 1,333,000명의 신자에 5,554개의 교회가 있다고 알려졌다. 그리스도인교회는 에큐메니컬 운동에 공식적으로는 참여하지 않는다. 이는 세계교회협의회에 참여하는 방법의 부재뿐만 아니라 스톤-캠벨운동의 유산을 거부하는 것이라는 신학적인 이유 때문이다. 그러나 지역적인 협력은 적극적인 편이며, 스톤-캠벨운동의 지류들끼리의 협력도 분위기가 성숙해 지고 있다.176)

---

176) Eds. Douglas A. Foster 외, *The Encyclopedia of The Stone-Campbell Movement*, 185-189.

12

History of the Restoration Movement

한국 그리스도의교회

해방 전 그리스도의교회의 시작과 발전
해방 후 그리스도의교회의 재건과 발전
한국 그리스도의교회의 선교적 과제

한국 그리스도의교회

이 장에서는 한국 그리스도의교회에 관해 이야기하려고 한다. 앞에서 자세하게 살펴보았듯이 스톤-캠벨운동으로 인해 생겨난 교회로는 그리스도의교회, 그리스도인교회, 그리스도의제자들이 있다. 이 교회를 스펙트럼으로 보면 순서대로 보수-중도-진보로 구분할 수 있다. 한국에서는 흔히 그리스도의교회를 그리스도의교회(무악기 혹은 아카펠라), 그리스도인교회를 '그리스도의교회'(유악기)라 부른다. 무악기 혹은 아카펠라라고 부르는 이유는 그리스도의교회가 아카펠라 즉 목소리로만 찬양하고 예배 때 악기를 사용하지 않는 것을 지향하기 때문이다. 그리스도의제자들은 공식적으로 한국에 선교하지 않았다. 여기서 유념할 것은 그리스도의교회나 그리스도인교회나 모두 한국에서는 그리스도의교회라는 명칭을 사용하고 있다는 점이다. 단 본서에서는 스톤-캠벨운동의 역사적 맥락과 흐름을 고려하여 그리스도의교회와 그리스도인교회라는 명칭을 그대로 사용하였다.

그리스도의교회나 그리스도인교회는 미국에서 생긴 교회로서 일제시대 한국에 선교되었다. 이 교회들은 모두 교파분열이 내재화되어 있는 한국교회에 교회일치에 대해 강조해 왔고, 무엇보다 성서적인 신약교회를 회복해야 한다고 주장해 왔다. 한국 그리스도의교회는 한국사와 동류하며 그 역사적 소명을 다하기 위해 노력해 왔지만 양적 성장에서는 미진한

12 장

점이 있다. 또 한국 사회의 시대적 요청에 대해 적절하게 응답했는지에 대해 긍정적인 답변을 하기도 어려움이 있다. 그러나 한국 그리스도의교회가 주장해 왔던 환원과 교회일치는 21세기 한국교회에 더 필요한 외침이 되었다. 우리는 그리스도의교회 선교 100년을 내다보는 역사 속에서 펼쳐졌던 바람직한 전통은 계승하고, 우리 안에 남겨져 있는 인습은 극복해 나갈 필요가 있다. 그래서 우리가 가지고 있는 신학적 정체성을 통해 한국교회에 기여할 만한 신학적 요소들을 계승 · 발전시켜 가고, 한국교회를 다시 세우는 노력을 지속해 가야 한다.

해방 전 한국 그리스도의교회의 시작과 발전

한국 그리스도의교회의 시작

그리스도의교회는 한국인에 의해 시작되었다. 그리고 그 개척자는 일반적으로 동석기와 강명석이 이야기되고 있다.[177] 동석기는 1881년 4월 6일 함경도 북청에서 4남 1녀 중 장남으로 태어났다. 그는 17세에 김씨 규수와 결혼을 했으며, 1903년에는 가족을 뒤로하고 하와이 사탕수수 농장으로 노동이민을 떠났다. 그런데 동석기는 하와이에서 농장 주인의 호의로 미국으로 유학을 가는 기회를 얻는다. 그는 하와이에서

---

[177] 동석기에 대한 부분은 김익진, 『한국그리스도의교회사』(서울: 그리스도대학교 출판부, 2011), 26-42를 참조했다.

세례를 받고 감리교 신자가 되었다. 그는 처음 감리교 계통의 노스웨스턴대학에 들어갔다가, 그 대학과 캠퍼스를 공유하는 개럿신학교(Garrett School of Divinity)로 학교를 옮기고, 그곳을 졸업하였다. 그는 1913년 감리교 설교자로서 한국에 귀국하였다. 한국에 돌아온 동석기는 1913년 원주 지방에서 순회목회를 시작으로 14년 동안 감리교회에서 목회하였다. 대표적인 교회로는 인천의 내리교회가 있다. 1919년에는 3·1 운동 당시 만세 시위에 참여하여 7개월간 옥살이를 살았다.

동석기가 환원운동과 인연을 맺게 된 것은 1927년 있었던 두 번째 도미(渡美)를 통해서였다. 그는 오하이오주 신시내티 신학교에 입학하는데, 이 학교는 미국 그리스도인교회가 운영하는 신학원이었다. 그는 여러 신학적인 논쟁과 토론을 통해 결국 그리스도인교회로 환원하였다. 그리고 1929년 5월 "미국 환원운동의 초기 역사"(The Early History of the Restoration Movement in the United States)라는 논문으로 석사학위를 받았다. 그러나 그의 여정은 여기서 끝나지 않았다. 그는 한국에 돌아가기 직전 예배 시에는 악기를 사용하지 않고 아카펠라로 찬양해야 한다는 그리스도의교회의 주장을 듣게 되면서 다시 신학적인 고민에 빠졌다.

동석기는 귀국을 위한 여행 경비를 모금하기 위해 미국 중남부 지역을 여행하던 중 앨라배마주의 몽고메리에서 톰슨(T. B. Thompson)과 덱커(F. A. Decker)를 만났고, 그들에게서 예배 때에 악기를 사용하는 것이 비성서적이라는 말을 들었다.

12 장

이것은 그에게 새로운 가르침이었다. 책과 팸플릿을 주면서 그들은 동석기가 그 문제를 연구할 수 있도록 도왔지만 그때까지 그는 악기를 포기해야 한다고 생각하지 않았다. 동석기는 톰슨의 권유로 내슈빌로 갔고 그곳에서 콜룬(L. H. Colhoun)과 브르어(C. R. Brewer)의 설교를 듣고 신약성서 교리에 관해 더 많은 것을 배울 수 있었다. 결국 동석기는 예배에서의 악기 사용을 포기하였다. 곧 그는 두 번째 미국 유학을 통해 감리교에서 그리스도인교회로, 다시 그리스도의교회로 신앙의 전환을 이루게 되었던 것이다.

한국에서 그리스도의교회를 처음 시작했던 동석기 전도자이다. 이 사진은 1950년경 엘카혼 그리스도의교회(El Cajon Church of Christ)에서 찍은 것이다. 동석기 뒤 그림은 아믹(Fred Ashton Amick, 1908-1994)의 작품이다. 아믹은 훌륭한 성서학 학생이었으며 매우 뛰어난 예술가였다고 한다.

한국 그리스도의교회

동석기는 내슈빌 교회들의 후원을 받아 드디어 그리스도의교회 선교사로서 1930년 11월 8일 자신의 고향인 함경남도 북청에 도착하여 '그리스도의교회'를 전하게 된다. 동석기 전도자는 1930년 11월 29일 고향 북청의 이곡면 초리에 함전교회를 시작으로 덕흥면 시흥리교회, 수동리교회, 하거서면 임자동교회, 수서리교회, 맹경리교회, 진산리교회 등 7개 그리스도의교회를 개척하였다. 동석기는 해방 후 월남하여 내수동 그리스도의교회를 개척하는 등 한국에 그리스도의교회를 설립하는 데 온 힘을 쏟았다. 그리고 한국전쟁 후에는 노년의 나이에도 불구하고, 남한 지역의 교회 설립에 많은 경제적인 도움을 주었다. 이 때문에 한국 그리스도의교회는 그를 빼놓고는 이야기할 수 없다.

그리스도의교회 설립자로서 두 번째로 이야기되는 인물은 강명석이다. 강명석은 1900년 10월 13일 밀양군 하서면 양효리에서 강주백과 신재선 사이에서 2남으로 태어났다.178) 그는 1927년 3월 일본의 저명한 간사이가쿠인대학(關西學院大學)을 졸업하였고, 1929년 9월에는 감리교 목사(준회원)로 안수를 받았다. 그런 그가 그리스도의교회와 인연을 맺게 된 것은 1932년 떠난 미국 유학 때문이었다.

강명석은 최소 1933년에는 그리스도의교회를 접했던 것으

---

178) 강명석은 그동안 1945년 사망한 것으로 알려져 왔으나 1941년 사망하였다. 이에 대해서는 전인수, "강명석과 한국 그리스도의교회,"「한국기독교와 역사」51(2019), 255-256을 참조하라. 또한 강명석이 1897년, 1899년, 1900년, 1904년에 태어났다는 여러 이견이 있고, 그가 마산부 상남동에서 출생했다는 이야기도 있어 좀더 면밀한 연구가 필요하다.

12 장

로 보인다. 왜냐하면 그가 「기독신보」에 미국 생활에 대해 기고를 했는데, 여기에 그리스도의교회에 대한 내용도 나오기 때문이다. 그는 1935년 6월 내슈빌 밴더빌트대학교에서 B. D. 학위를 받았다. 논문 제목은 실천신학 분야로서 "현대 목회자의 역할"(the Office of the Modern Minister)이었다.179) 그는 졸업과 동시에 테네시주 내슈빌에 있는 웨이벌리-벨본트 그리스도의교회(Waverly Belmont Church of Christ)에서 공식적으로 환원(還元)하였다.180) 그는 1935년 6월 15일 침례를 받았다. 그는 그리스도의교회를 더 깊게 공부하기를 원했다. 그래서 프리드-하드먼대학에서 1년 동안 환원신학을 공부하였다. 이처럼 그는 미국 유학을 통해서 환원운동을 알게 되었고 결국 감리교를 떠나 그리스도의교회 전도자가 되었던 것이다.

강명석 전도자는 동석기와 마찬가지로 감리교 목사였으나 미국 유학을 통해 그리스도의교회로 환원하였다. 일본과 미국에서 공부한 재원이었다.

강명석은 1936년 12월 6일 (주일) 경상남도 울산에 첫 교

---

179) Myungsuck, Kang, "the Office of the Modern Minister," 『강명석 선집』(서울: 환원역사연구소, 2010), 361-389.
180) 그리스도의교회에서는 기존에 자신이 소속되어 있던 교파를 떠나 그리스도의교회로 적을 옮기는 것을 환원이라고 부른다. 곧 환원은 자신이 속한 교파를 떠나 성서가 말하는 교회로 들어가 단순히 그리스도인이 된다는 뜻이다.

회를 개척하였다. 이 울산교회는 현존하는 남한 최초의 그리스도의교회라는 평가를 받고 있다[181] 울산은 그의 장모 전란이 사는 곳이었다. 전란은 강명석이 조선에서 가장 먼저 설득하여 장로교회에서 환원시킨 인물이다.[182] 그는 조선에 도착하자마자 울산교회를 시작으로 서울 동교정교회(1937. 5), 경주교회(1937. 10), 서울 대현정교회(1937. 10), 진양 반성교회(1938.3), 인천 송림교회(1940. 3), 경북 월성의 동방교회(1940. 6)를 세웠다. 그리고 그는 「기독신보」에 "그리스도의교회"(1937. 4. 4)라는 글을 써서 환원운동을 한국에 소개하기도 하였다.[183]

그런데 한국에서 활발하게 교회를 개척하던 강명석은 40대 초반의 이른 나이에 사망하고 말았다. 이는 그리스도의교회 발전에 너무 안타까운 일이었다. 왜냐하면 그는 그리스도의교회를 학문적으로나 신앙적으로 한국교회에 뿌리내릴 자격을 갖춘 유능한 인물이었기 때문이다. 지금 강명석이 개척한 교회는 안타깝게도 울산교회만 그 명맥을 유지하고 있다. 김세복에 의하면 강명석 사후 미국교회와의 연락 두절, 전도자들의 소명감 부족으로 그가 세운 교회가 다른 교파로 넘어갔다고 한다.[184]

---

181) 편집실, "울산 그리스도의교회," 「참빛」(1973년 12월), 23.
182) 편집실, "울산 그리스도의교회," 23.
183) 강명석의 교회 개척과 그의 환원신학에 대해서는 전인수, "강명석과 한국 그리스도의교회," 246-255를 참조하라.
184) 김세복, 『한국 그리스도의교회 교회사(1930-1968)』(서울: 참빛사, 1969), 51; 김익진, 『신약교회 운동사』(서울: 참빛출판사, 1986), 12-16.

12 장

그리스도인교회의 한국 선교

  그리스도인교회의 한국 선교는 일본에서 활동하고 있던 그리스도인교회 선교사인 커닝햄(William D. Cunningham, 1864-1936)에 의해 시도되었다. 그는 독립선교사로 일본에 왔고 1902년 요쯔야선교회(Yotsuya Mission, 四谷宣敎會)를 인수받았다. 커닝햄은 1907년 중국의 선교 모임 참석차 잠깐 한국에 들른 적이 있었다. 이렇게 본다면 그는 한국 땅을 밟은 최초의 그리스도인교회의 선교사였다. 요쯔야선교회의 한국 선교는 1924년부터 시작되었다. 그리고 1930년 4월 27일 최초로 서울에 그리스도인교회가 설립되었다. 이 교회에는 성낙소가 전임사역자로 임명되었다. 성낙소(成樂紹, 1890-1964)는 원래 구세군 사관 출신이었으나 1927년부터 기성교회의 교리적 모순을 발견하고 충남 부여에서 '기독의교회'를 개척한 인물이다. 그는 1930년 커닝햄의 초대로 도쿄에 갔다가 그곳의 요코하마 한인교회에서 잠시 사역한 바 있었다. 이후 제물포에도 3개의 교회가 개척되었다. 성낙소와 요쯔야선교회의 관계는 1933년 단절되었다. 이원균은 평북 구성 지역에 몇 개의 교회를 세웠다.[185] 1940년까지 요쯔야선교회와 관련된 한국 그리스도인교회는 모두 17개 교회로 성장하였다. 그러나 이 교회들은 조선의 기독교회를 일제의 관할 하에 통폐합하려는 일본기독교조선교단(1945)에 가입하게 된다. 그리고 안타깝게

---

185) 백종구, "윌리엄 D. 커닝햄과 한국인 선교," 「한국기독교신학논총」 Vol. 83(2012), 123-139.

도 해방 후에는 하나의 교회도 재건되지 못했다.186)

그리스도인교회의 한국 선교는 또 다른 줄기가 있다. 이를 대표하는 인물이 채이스(John Trawrick Chase, 1905-1987) 선교사이다. 그는 1927년 일본에 와서 커닝햄 선교사와 협력하였다. 그리고 8년간의 요쯔야선교회 사역을 통해 한국 사역을 간접적으로 경험할 수 있었다. 그는 1936년에는 독립선교사 자격으로 서울에 입국하였다. 그는 한국에 들어온 후 한국기독교선교회(Korea Christian Mission, 1936)와 성경훈련학교(Korea Bible Institute, 1937)를 설립하고 한국인 전도자 양성에 힘썼다. 오늘날 서울기독대학교는 이 학교를 뿌리로 두고 있다. 이 성경학교를 졸업하고 그리스도인교회 사역에 뛰어든 인물로는 김요한, 최상현(崔相鉉, 1891-1950), 성낙소, 김판조가 유명하다. 1939년 6월에는 존 힐(John J. Hill, 1913-2009)이 입국하여 채이스를 도왔다. 채이스와 힐은 1940년 한국을 떠났다. 여기에는 일제의 반선교사 정책이 주요 원인이었다. 당시는 미일(美日) 관계가 그 어느 때보다 긴장 상태였다. 채이스는 그 다음해 2월 한국을 잠시 들렸지만 오래 머물 수 없었다. 채이스는 해방 후인 1947년에야 한국을 다시 방문하였다.187)

해방 전까지 모두 6개의 교회가 있었다. 이 선교사 공백기는 최상현과 성낙소가 메워 갔다. 이 때문에 그들이 한국 그

---

186) 백종구, "윌리엄 D. 커닝햄과 한국인 선교," 142-145.
187) 김경중, "존 T. 채이스의 한국 선교: 한국기독교선교회를 중심으로," (서울기독대학교 대학원 석사논문, 2011), 20-40.

12 장

리스도인교회의 실제적인 한국인 비조(鼻祖)로 평가받는다. 한국기독교선교회 소속 교회들은 일본기독교조선교단에는 가입하지 않았다고 한다. 이는 이들 교회와 요쯔야선교회 소속 교회가 모두 그리스도인교회를 지향했지만 독립적으로 움직였다는 뜻이다. 해방 후 채이스는 미국에서 '한국에 예배당을'(Chapels for Korea)이라는 모금 활동을 진행하였다.[188] 오늘날 그리스도인교회는 커닝햄의 요쯔야선교회보다는 채이스의 한국기독교선교회의 역사적 전통을 잇고 있다.

해방 후 한국 그리스도의교회의 재건과 발전

해방 공간

고대하고 고대한 것이었지만 해방이 바로 한민족에게 장밋빛 미래를 선사한 것은 아니었다. 대부분의 한국교회와 마찬가지로 그리스도의교회는 북한지역에 설립해 놓은 7개의 교회를 모두 상실하고 말았다. 왜냐하면 북한지역이 소련과 북한 공산주의자들의 손에 들어가게 되면서 기독교인들의 신앙의 자유가 급격히 위축되었기 때문이다. 동석기도 해방 후 곧바로 월남하였다. 그는 기독교 지도자였기 때문에 누구보다 공산주의자들의 표적이 될 수 있었다. 그 외에도 다수의 그리스도의교회 신자들이 월남하여 서울에서 교회 개척에 동참하

---
188) 김경중. "존 T. 채이스의 한국 선교: 한국기독교선교회를 중심으로." 33-69.

한국 그리스도의교회

기도 하였다. 그 대표적인 인물이 북청 수동리 교회 출신의 이흥식(李興植, 1912-1991) 전도자이다. 그는 이후 남한에 십여 곳의 교회를 개척하는 데 깊이 관여하게 된다.

그리스도의교회가 이런 상황일 때, 명맥을 부여잡고 몸부림치던 그리스도인교회 목회자들은 한자리에 모여 한국교회의 앞날을 바라보며 하나의 선언문을 발표하였다. 이는 1946년 8월 한국교회에 발표한 "기독의 합동 선언문"이다. 이 발표문은 한국교회가 일제의 잔재를 청산하고 분열된 교회 상황을 회개하고 신약시대로 돌아가 교회를 일치시키자는 '합동 통일' 선언문이었다. 여기에서 그들은 일치의 조건으로 그리스도의교회(교회 명칭), 그리스도인(신자들의 명칭), 그리고 침례를 주장하였다. 합동 선언문은 신사참배문제로 분열되었던 한국교회를 향한 시기적절한 선언이었다. 그러나 각 교단 지도자들이나 교파교회에 전달되거나 홍보되지는 못했다.[189]

1950~60년대의 그리스도의교회

1950년 터진 6·25 전쟁은 한국인에게는 너무나 큰 재앙이었다. 3년간 지속되었던 전쟁으로 수백만의 사람들이 죽거나, 가족들이 흩어지는 비극을 맛보았다. 일제 36년간의 고난을 이기고 그나마 남아있던 산업시설이나 사회적 기반이 거의 파괴되고 말았다. 전쟁 후 한국은 세계에서 가장 가난한 나라 중 하나가 되었다. 한국교회의 상황도 말이 아니었다. 공산주

---

[189] 김익진, 『한국그리스도의교회사』, 174-175.

12 장

의자들은 종교를 민중을 호도하는 아편으로 생각했다. 특히 기독교에 대해서는 더욱 비판적이었다. 이 때문에 한국전쟁 기간 수많은 교회가 파괴되고, 수많은 기독교인이 납북되거나 살해되었다. 한국교회는 이 전쟁을 거치면서 반공주의(反共主義)를 체질화하였다. 한국교회에서 공산주의는 거의 사탄과 동의어가 될 정도였다. 한국전쟁이 끝났을 때, 한국인이 바라볼 수 있는 것은 정부나 교회를 통해 들어오는 미국의 구호품이었다. 이런 처참한 상황에 기독교 복음은 그 신앙의 힘을 강하게 발휘했다. 절망 가운데에서 많은 이들이 예수 그리스도를 영접했던 것이다. 한국 그리스도의교회도 몸을 다시 추스르며 교회를 다시 세워나가기 시작하였다.

그리스도인교회는 해방 후 돈암동교회와 내수동교회 정도만 명맥을 유지했으나 1950년대 비교적 빠른 속도로 성장하였다. 1956년 『기독교 연감』에는 그리스도인교회가 51개, 교인 수가 1,905명으로 나타나고 있다.[190] 또한 1962년 『기독교 요람』에는 그리스도인교회가 모두 79개로 나타나는데 가장 많은 지역은 전라남도로 35개인데, 이 수치는 전체의 거의 절반에 가까운 것이었다.[191] 한 가지 유의할 점은 이 시기 교회 통계는 자료마다 다소 차이가 있다는 것이다.

1950~60년대는 그리스도의교회 선교사들이 한국에 파견되기 시작한 본격적인 시기였다. 이 선교사들은 한국인 사역자

---

190) 김익진, 『신약교회 운동사』, 129.
191) 김익진, 『신약교회 운동사』, 132-138.

들과 협력하여 그리스도의교회를 이 땅에 뿌리내리도록 하는 데 힘을 썼다. 그런 와중에 성공적인 사역도 있었고, 어쩔 수 없이 맛보아야 했던 실패도 있었다. 중요한 것은 우리가 영욕의 역사를 어떻게 우리 안의 교훈으로 삼아 가느냐 하는 것이다. 그럼에도 여기서 우리가 간파할 수 있는 것은 선교사들의 입국으로 그리스도의교회가 재정적인 부분에는 큰 힘을 얻게 되었다는 점이다. 그리고 그들의 수고와 헌신으로 한국 그리스도의교회가 다시 한 번 체계를 잡아갈 기회를 얻었다는 것이다. 반면 이는 한국 사역자들이 선교사들에게 경제적으로 의지할 빌미가 되기도 했다. 또 신학적으로는 미국 환원운동의 보수적 입장이 강하게 영향을 미칠 것을 예견할 수 있다. 이는 그리스도인교회와 그리스도의교회의 서로 다른 정체성이 강조되어 나중에 논란이 되었던 합동운동에는 장애가 될 가능성이 컸다는 것을 보여준다.

그리스도의교회 첫 선교사는 미국 워싱턴 D. C. 에 있는 그리스도의교회의 파송을 받은 리치슨(Dale Richeson)이었다. 그는 1954년 5월 한국에 도착하였다. 그는 1954년에 최수열보다 몇 개월 먼저 한국에 들어와 효창동에 선교사 사택을 마련했다. 그는 한국전쟁의 여파로 발생한 혼혈아 문제를 미국 신문에 기고하여 홀트 아동복지회를 세우게 되는 해리 홀트(Harry Holt)가 한국에 오는데 기여하게 된다. 그는 최수열 선교사와 함께 초대교회사와 성경 과목을 가르치면서, 대학을 시작하려는 계획을 갖고 있었다. 그러나 리치슨은 한국 사역자들과 뜻

12 장

이 맞지 않아 2년 만에 한국을 떠나게 되었다. 그가 한국인들의 반목을 샀던 이유는 그리스도인교회 및 타교단 선교사들과 교류하는 그의 개방적인 성격 때문이었다. 이런 행동은 한국인 사역자들에게는 '그리스도의교회' 고유의 정체성을 희석시키는 것으로 여겨졌던 것이다.[192]

데일 리치슨 선교사가 1954년 10월 31일 서울 한강에서 20명에게 세례를 주고 있다. 리치슨은 그리스도의교회 출신의 최초 한국 선교사로서 한국과 아시아 선교의 토대를 닦을 사명이 있었다.

---

192) 김세복, 「한국 그리스도의교회 교회사(1930-1968)」, 56-57.

한국 그리스도의교회

다음으로 한국에 온 선교사는 최수열(L. Haskell Chesshir, 1916-2003)이었다. 그는 1954년 11월 한국에 도착하여 선교를 시작하였다. 그의 사역은 한국 그리스도의교회에 큰 흔적을 남겼다. 특히 그가 미국교회의 후원으로 산 땅은 강서대학교와 몇 개 교회의 터전이 되었다. 리치슨과 최수열 외에도 1950년대에 많은 선교사가 입국하였다. 홀턴(A. R. Holton, 1957년 입국)과 하딘(Daniel C. Hardin, 1958년 입국)이 왔고,193)

리치슨을 대신하여 최수열은 미국 선교사의 대명사처럼 인식되고 있다. 위 사진은 최수열 선교사 가족이다. 최수열 바로 옆은 부인 에니드(Enid)이며, 가장 오른쪽 여성은 최수열의 장녀 제니타(Jenetta)로 훗날 한국에 온 선교사 시드니 알렌과 결혼한다.

12 장

이철선(William A. Richardson, Jr., 1932-2012)은 의정부에서 미군으로 근무했던 경험이 있었고, 1958년부터 선교사로 한국에 자리를 잡았다.

이 시기 가장 뜻깊은 것 중 하나는 강서대학교의 전신인 한국기독교학원(Korea Christian Institute, 1958)이 설립되었다는 점이다.194) 여기에는 최수열과 홀턴 선교사의 노력이 컸다. 이로써 그리스도의교회는 한국인 사역자를 제도적으로 양성할 수 있는 틀을 잡을 수 있게 되었다. 또 이 시기에 이철선에 의해 「참빛」(1964)의 전신인 「그리스도의교회」(1962. 7)라는 잡지가 창간되었다. 그리스도의교회는 개교회주의이기 때문에 역사자료의 보존이나 교회 간의 소통에 많은 장애가 있다. 그래서 이런 잡지의 창간은 교회의 정체성 유지와 교회 간의 소통, 전통의 계승 차원에서 너무나 중요하다. 이 점은 오늘날에도 마찬가지이다.

이 시기에 한국인 사역자들 사이에서는 그리스도의교회 유·무악기를 합치려는 노력도 있었다.195) 이는 선교사들이 본격적으로 입국하기 전에는 한국인 사역자들 사이에 유악기나 무악기의 교리적 차이에 대해 그렇게 민감하지 않았다는

---

193) 다만 하딘이 1958년 입국한 것으로 알려져 있으나 1959년에 입국했다는 기록도 있어 좀더 살펴보아야 할 것 같다. "Daniel Hardin: Korea," in *Missionary Pictorial*, edited by Charles R. Brewer (Nashville: World Vision Publishing Company, 1968), 98.
194) 한국기독교학원이 설립되었을 때 한국에 있었던 선교사는 최수열과 홀턴이었다. 나머지 선교사들은 대학이 설립된 이후 입국하였다. 하딘은 1958년 7월 입국하였다. 최수열은 의정부 근처 미군 부대에서 복음을 전할 때 이철선 중위를 만났고, 제대 후 선교사로 일하도록 권면하였다. 이철선은 1958년 8월 31일부로 현지 제대하고 미국 테네시주에 있는 부인과 아이들을 한국으로 오게 하였다.
195) 김세복, 『한국 그리스도의교회 교회사(1930-1968)』, 59.

뜻이다. 그러나 리치슨 선교사에게서도 볼 수 있는 것처럼 두 교회가 연합하는 것은 쉬운 일이 아니었다.

　1960년대에도 선교사의 입국은 계속되었다. 파수리(Malcom E. Parsley, 1933년생)가 1960년에 파송되었고, 그 다음해에는 빌램지(Bill Ramsey, 1930년생)가 한국에 왔다. 파수리는 한국에서 미군으로 근무한 경험이 있었는데 그때 성경을 가르치고 고아를 도와달라는 요청을 받고 한국으로 다시 돌아오게 되었다.196) 빌램지는 성경통신교육원(Bible Correspondence Center, 1964)을 세웠다. 이는 성경 교육기관으로서 도시와 농촌에 있는 이들에게 복음을 전하기 위한 목적을 갖고 있었다. 성경통신교육원은 매우 성공적이었다. 교육원에서는 전국 순회 전도반을 조직하여 교육생들을 직접 찾아다니며 침례를 주었다. 또 1968년에는 동계대학을 실시하여 신학을 교육하였다. 동계대학은 강서대학교와 더불어 그리스도의교회의 사역자 양성에 한몫을 담당하였다.197) 베어드(O. P. Baird, 1912-1999)는 홀턴의 권유로 1962년 한국에 와서 1972년까지 사역하였다. 시드니 알렌(Sidney Allen, 1933-2018)은 장인 최수열의 설득으로 1963년 가족과 함께 한국에 들어와 1979년까지 선교사로 활동하였다.

　이 시기 강서대학교도 많은 변화와 발전이 있었다. 1961년 1회 졸업생 5명을 배출했으며, 교사도 현재의 위치인 화곡동

---

196) "Malcolm Parsley: Korea," in *Missionary Pictorial*, 161.
197) 김세복, 『한국 그리스도의교회 교회사(1930-1968)』, 78-85.

12 장

으로 이전했다. 1963년에는 대학의 본관과 기숙사를 건축하였다. 졸업생들은 그리스도의교회 발전을 위해 청소년들을 대상으로 매 여름 캠프를 열기도 하였다.198)

강서대학교가 1960년대 초 화곡동에 세워지는 모습이다.
강서대학교는 1958년 효창동에서 시작되었다가 상도동 임시교사 시절을 지나 최종적으로 화곡동에 캠퍼스를 조성하고 자리를 잡았다.

1960년대는 그리스도의교회가 교육 사업에 힘을 쏟았다. 이때 초등학교나 공민학교 교육을 마친 경제적으로 어려운 아이들에게 중등교육의 기회를 주기 위해 서울에 효창 고등공민학교(1964년 인가)와 등촌 고등공민학교(1962)를, 인천에 금

---
198) 김세복, 『한국 그리스도의교회 교회사(1930-1968)』, 63-67.

성 고등공민학교(1965)를, 경북 칠곡군 왜관읍에 명성 고등공민학교를 설립하였다. 오늘날까지 남아있는 학교는 등촌 고등공민학교로서 오늘날의 등촌중학교이다. 비슷한 시기에 설립된 화곡유치원(1968)은 화곡동 지역이 본격적으로 개발되면서 명성 있는 유치원으로 자리 잡았다.

이 시기의 또 다른 특징은 목장을 경영했다는 점이다. 1963년 90여 마리의 미국 젖소를 한국에 들여와 강서대학교 본관 남서쪽 1천 미터 지점에 목장을 지었다. 이 목장은 공간이 부족해지자 일산으로, 나중에는 파주에 5만 평의 땅을 사서 이전하게 된다. 이 KCC 목장(KCC farms)은 책임감과 근면성을 배양하여 한국인을 자립적인 민족으로 세우고, 선진적인 농업을 통해 한국의 배고픔과 질병, 가난을 퇴치할 목적을 가지고 설립되었다.[199] 목장은 한국 사회, 그리스도의교회와 강서대학교 등에 여러 경제적 기여를 하였다.[200] 목장 외에 사회사업으로는 부산의 성지 모자원, 구호부 등을 운영하였고, 의료사업으로는 김포진료소를 운영하였다.

1953년 전쟁이 끝났을 때 한국은 모든 것을 다시 시작해야 하는 운명에 처하게 되었다. 그리스도의교회도 교회를 재건하고, 무너진 교회당을 다시 세웠다. 이때 들어온 선교사들의 도움은 그리스도의교회 재건에 절대적이었다. 곳곳에서 선교사들과 한국 사역자들의 협력으로 교회 예배당이 들어섰다.

---

199) 김세복, 『한국 그리스도의교회 교회사(1930-1968)』, 90-94.
200) David Goolsby, "KCC 농장의 현상과 장래," 「참빛」(1969. 3). 22.

12 장

김세복에 의하면 1960년대 후반까지 전국에 38개의 교회가 있었다.

1950~60년대의 한국 그리스도의교회사를 보면, 선교사들이 속속 입국하면서 한국 사역자들의 도움을 받아 광범위한 사업을 벌이는 것을 볼 수 있다. 교회건축 및 개척, 교육사업, 문서선교, 사회구제 사업 등이 그것이다. 위에서 언급한 것처럼 한국 그리스도의교회 사역자들과 선교사들은 척박한 환경

농부들이 "한국에 소를" 프로그램에서 받은 소들과 서 있다.
이들은 나중에 소가 성장하여 첫 새끼를 낳으면 이를 대학 목장에 되돌려주는 조건으로 송아지를 받았다. "한국에 소를"은 미국 그리스도의교회 선교사들이 진행한 인도주의 프로그램이다. 선교사들은 미국에서 젖소를 가져와 KCC 농업부에 기증하였다. 젖소에서 나온 유제품은 고아원, 병원, 가난한 이들에게 제공되었다.

속에서도 최선을 다해 복음사역을 감당했음을 알 수 있다. 그러나 목장 운영처럼 많은 사업이 장기적으로 지속되지 못한 점은 안타까움으로 남는다. 또한 당시의 교회는 많은 부분을 선교사들의 후원에 의지했다. 이는 그리스도의교회가 한국전쟁 이후 물질적 토대가 거의 없는 상태에서 새롭게 시작해야 했기 때문이다. 그리고 이 시기에는 많은 이들이 그리스도의교회에서 사역을 했다가 그리스도의교회를 떠나기도 했는데 이는 이후에도 고질적인 문제가 되었다.

1970~80년대 한국 그리스도의교회

1970년대의 중요한 변화를 꼽자면 그리스도인교회에서 한국적 환원운동이 무엇인가에 대한 문제의식이 싹텄다는 점이다. 이는 점차 한국교회가 경제적으로 자립해 가면서 선교사들에게 이전처럼 의지하지 않아도 되는 상황 속에서 사상적 자립까지 모색한 것이었다고 볼 수 있다. 또한 이는 미국의 환원운동을 한국에 적용했을 때 발생하는 문제에 대해 비판적 사고가 싹텄기 때문이기도 하다. 여기에 한국 사역자들 사이에서 신학적 소견을 쌓은 엘리트들이 등장하자 이러한 움직임은 가속화되었다. 이를 주도적으로 이끈 이가 바로 밴드빌트대학교에서 박사학위(1971)를 받고 귀국한 이신(李信, 1927-1981)이었다. 이신은 감리교에서 사역하다가 한국전쟁 중 환원운동에 깊이 공감하여 1951년 봄에 목사 안수를 받은 인물이다. 그는 성령의 역사가 이 시대에는 중단되었다고 보

12 장

는 환원신학이 미국적 토양에서 나온 성서 이해라고 보았다.201) 이신이 중심이 된 한국 그리스도의교회연합회는 1974년 "한국 그리스도의교회선언"을 발표했는데, 거기에는 미국 그리스도의교회가 개교회주의를 지나치게 강조하면서 교회의 통일성을 소홀히 하였고, 교회의 외향적 표지는 중시히면서도 신앙의 내면적 영성은 소홀히 했다고 비판했다. 이들은 한국교회가 미국의 환원운동을 무비판적으로 수용하지는 않았는지를 물으면서 한국인의 성서 이해에 기초한 한국적 환원운동을 표방했던 것이다.

1980년대 그리스도의교회에 가장 논란이 되는 사건이 있다면 그것은 유・무악기 통합과 관련된 문제일 것이다. 그리스도의교회는 초대교회로의 복귀를 주장하지만, 환원운동은 거기서 그치지 않는다. 환원운동은 초대교회로의 복귀를 통한 교회일치를 이룰 때 진정한 목적이 성취되는 것이다. 한국 그리스도의교회 통합운동은 1983년 3월 14일 유・무악기 목회자 248명이 모여 통합대회를 열고, 그해 5월 17~21일까지 서울 은평 중앙교회에서 연합성회를 열면서 절정에 이르렀다. 이는 분열에 분열을 거듭하던 당시 한국교회에는 큰 시사점을 던지는 획기적인 사건이었다. 통합 움직임은 한국교회를 환기시키는 매우 뜻깊은 사건이었으나 그 통합과정에서 충분한 논의를 거치지 못했다는 것이 곧 드러났다. 곧 무악기 그리스도의교회에서는 유・무악기 통합에 찬성하는 교회보다

---

201) 이신, 『슐리얼리즘과 영의 신학』 이은선・이경 엮음(서울: 동연, 2011), 13-15.

한국 그리스도의교회

반대하는 교회가 더 많았던 것이다. 통합에 반대하는 측에서는 무악기 그리스도의교회 67개 중 통합 찬성이 22개 교회, 중립이 8개 교회, 반대가 37개 교회라고 비판했다. 이들은 신학적 일치가 없는 상태에서의 연합은 받아들일 수 없다고 하였다.[202]

일치보다는 초대교회로의 환원에 더 강조점을 두고 있던 보수적인 무악기 그리스도의교회 내에서 이런 비판은 충분히 예상할 만한 것이었다. 이는 세계교회협의회(WCC) 운동을 반대하는 측이 주장하는 진리의 일치 없이 교회의 연합이나 통합은 있을 수 없다는 논리와 상통하는 것이다. 이런 논란 속에서 유·무악기 통합은 하나의 해프닝으로 끝나고 말았다. 1980년대의 통합논의는 아무리 선한 목적이 있더라도 그 과정이 충분한 논의를 거치지 않으면 안 된다는 것을 보여주었다. 한편으로는 교회일치를 주장하는 환원운동가들인 우리 안에서도 일치하지 못하면서 어떻게 다른 교파와 일치운동을 할 수 있을지에 대한 뼈저린 과제도 남겼다. 이는 교회의 일치가 하나의 구호에 그쳐 버릴 수 있다는 것을 우리 스스로가 보여준 것이었다.

1970~80년대 한국교회의 성장은 눈부셨다. 이런 기독교의 성장세와 더불어 주류 교파와 비교할 수는 없지만, 이 시기 한국 그리스도의교회도 양적으로 성장했다. 1985년 그리스도의교회협의회 발표에 따르면 당시 유·무악기 교회는 전국에

---

202) 김익진, 『신약교회운동사』, 42-52.

12 장

걸쳐 283개로 조사 되었다.203) 그러나 이전 시기와 마찬가지로 그리스도의교회는 상당수의 목회자가 들어오고 나가고, 교회도 새로 세워지는가 하면 없어지는 일이 반복되는 안타까운 일이 있었다.

강서대학교의 전신인 KCC는 1973년 12월 11일 한국 교명을 그리스도신학대학으로 바꾸었고 동시에 문교부로부터 정식 4년제 대학으로 인정받았다. 그리스도인교회에 속해 있는 서울기독대학교는 1981년 3월 서울 성서신학교와 대한기독교신학교가 통합하여 오늘에 이르고 있다. 대한기독교신학교는 1985년 교육부로부터 4년제 대학학력인정교로 지정되었고, 1997년 4년제 대학으로 인정받았다. 대한기독교신학교는 지금 서울기독대학교라는 교명을 쓰고 있다. 마찬가지로 그리스도인교회에 속해 있었던 대전의 한성신학교는 1983년 학력인정을 받았으나 한민대학으로 전환되는 과정에서 다른 교단에 매각되고 말았다. 그리스도의교회 교육기관은 그 기관 나름대로 어려운 현실 속에서 시대적 사명을 다해 왔다. 다만 그리스도의교회 목회자 양성기관으로서 얼마나 효과적인 사역을 감당해 왔는가는 그리스도의교회 안의 숙제로 남았다. 이에 대한 더 적극적인 노력이 필요하다.

---

203) 김익진, 『신약교회운동사』, 297.

한국 그리스도의교회 선교적 과제

지금까지 한국 그리스도의교회의 역사를 간략하게 살펴보았다. 한국 그리스도의교회는 장감성(長監聖)이 한국교회를 이미 재편하고 있는 어려운 상황에서도 성서에서 명시하고 있는 분명한 교회관을 주장하고, 교회의 분열을 기정사실로 해 버렸던 한국교회에 그 일치의 외침을 끊임없이 주장해 왔다. 분명 한국 그리스도의교회는 순복음교회나 침례교처럼 한국교회의 지형도를 바꾸면서 나름의 영역을 확보하는 데는 성공하지 못했지만, 오늘도 성서를 신앙의 근본으로 삼고 환원운동을 전개하고 있으며, 예수 그리스도의 복음을 전하는데 열심을 내고 있다.

환원운동은 21세기 한국교회를 살릴 수 있는 좋은 신학적 자산을 가지고 있다. 이는 그리스도의교회가 한국교회가 비판받고 있는 번영신학과 대형교회주의, 교권주의, 세속화를 비판하면서 성서에서 명시된 초대교회의 신앙과 교회관을 일관되게 주장해 왔기 때문이다. 이를 잘 체계화하고 한국교회에서 수용할 수 있는 신학으로 발전시키는 것은 앞으로 우리의 몫으로 남겨져 있다. 성서적 가르침에 충실하자는 환원운동의 모토는 본질에서 벗어나 버린 오늘날의 한국교회에 더 유용한 나침반 역할을 할 수 있을 것이다.

그러나 한국 그리스도의교회를 향한 내외부적인 비판은 피

12 장

해갈 수 없다. 우리는 이런 비판을 회피하기보다는 미래를 위한 양약으로 삼아야 할 것이다. 한국 그리스도의교회는 신약교회로의 환원이라는 명제를 통해 교회일치운동을 벌여 왔으나 그 결과는 미진한 것이 사실이다. 또 비교파주의를 주장했으나 하나의 교파가 되었다는 비판에서도 자유롭지 못하다. 교회 성장의 측면에서도 미약한 실정이다.

그리스도의교회 선교 90여 주년 동안 우리 안에 내부적인 문제도 있었다. 그것은 사역자의 칭호 문제, 즉 '전도자'냐 '목사' 중 어느 것을 사용할 것인가의 문제였다. 이것은 목회자의 안수 문제와 직접 연결되어 있다. 이는 그리스도의교회 전통 고수를 지향하는 쪽과 한국에서의 적응과 교회성장을 지향하는 쪽의 사상적 차이라고 볼 수 있다. 지금도 완전히 사라진 것은 아니지만 기적과 치유와 같은 성령의 역사가 사도시대에만 일어났는가, 아니면 지금도 여전히 역사하고 있는가의 문제도 있었다. 여기에 교회 이외의 조직을 갖출 것인가도 논의가 되었다.[204] 이런 신학적 불일치는 우리 안의 갈등을 증폭시킬 가능성이 있기에 이를 공론의 장으로 꺼내 서로 소통하고 대화하며, 관용의 정신으로 서로를 이해하는 것이 필요하다.

이제 그리스도의교회는 신학적인 성숙함을 추구하고, 그 깊이를 더해가야 할 때가 되었다. 개혁주의나 복음주의에 안주하지 않고 우리의 시각과 정체성으로 연구한 성서학이 절실

---

[204] 김익진, 『한국 그리스도의교회 환원운동사』(서울: 임마누엘서적, 1987), 13-14.

한국 그리스도의교회

하다. 또한 교회사적으로는 한국 그리스도의교회에 대한 체계적인 자료수집과 거기에 근거한 실증적인 연구가 필요하다. 조직신학적으로는 환원신학의 정립이 절실하다.205) 실천신학적인 노력은 교회의 목회와 밀접한 관계가 있다는 점에서 더는 강조할 필요가 없을 것이다.

우리의 정체성을 잃지 않는 것은 너무나 중요하다. 그러나 정체성에 대한 강조가 오히려 복음 전도의 걸림돌이 되지 않도록 해야 한다. 곧 중요한 것(우리의 전통) 때문에 더 중요한 것(복음전도)을 놓치는 우를 범하지 않아야 한다는 것이다. 우리 안에 있는 사역자에 대한 명칭이나 교회 칭호, 악기 사용 여부 등으로 인해 상대방을 비방하는 일은 우리 그리스도의교회가 원래 지향했던 교회일치를 깨는 것이다. 또한 외부인들에게 사소한 문제들로 비치는 우리 안의 논쟁들이 기독교 복음의 핵심대로 살려고 했던 이들을 우리 공동체로 수용하는 데 오히려 방해가 되지는 않았는지 성찰해 볼 일이다. 예수의 복음은 이 모든 것을 뛰어넘는 대명제다. 우리 안의 갈등과 논쟁들이 그리스도를 이 땅에 뿌리내리게 하고, 죄인들이 구원의 문으로 들어가는 데 장애나 담이 되어서는 안 된다. 아우구스티누스는 교회는 죄인들의 공동체이며 가라지와 알곡이 함께 하는 곳이라고 말했다. 가라지와 알곡은 하나님이 분리하실 것이다. 이는 우리의 역할을 뛰어넘은 것이다.

---

205) 김익진, 『한국그리스도의교회사』, 184-192. 또한 김익진, 『한국 그리스도의교회 환원운동사』, 17-25를 참고하라.

12 장

우리는 이상(理想)을 중시하면서도 우리가 뿌리박고 있는 현실을 잊지 않는 균형이 필요하다.

한국 그리스도의교회는 이제 교회를 살리는 데 총력을 기울여야 한다. 교회 공동체의 생존 없이는 다른 것을 논할 수 없다. 교회의 존재 이유는 예수의 제자를 만들고, 이 땅에 하나님의 나라를 건설해 가는 것이다. 모든 이들이 그리스도의 말씀에 복종하고, 그 구원의 대열에 나아가는 전도의 사역을 멈추지 말아야 한다. 21세기 한국 그리스도의교회 미래는 여기에 달려 있을 것이다. 다른 곳에 정신을 돌릴 여유가 없다. 모든 그리스도의교회가 교회 공동체를 기쁨과 사랑의 공동체, 하나님의 은혜가 살아있는 공동체로 만들어 가는데 헌신해야 할 때다. 누구도 여기에서 예외일 수 없다.

13

History of the Restoration Movement

한국 환원운동의
미래와 전망

신약교회로의 환원을 다시 생각한다
모든 그리스도인의 하나 됨
복음 전도

한국 환원운동의 미래와 전망

아버지여, 아버지께서 내 안에, 내가 아버지 안에 있는 것 같이 그들도 다 하나가 되어 우리 안에 있게 하사 세상으로 아버지께서 나를 보내신 것을 믿게 하옵소서(요 17:21)

한국 그리스도의교회의 미래와 전망은 과거와 현재에 대한 깊은 성찰에서 나올 수 있다. 이 장은[206] 앞으로 그리스도의교회가 어떻게 펼쳐질지를 예상한 글이 아니다. 나는 예언자도 점쟁이도 아니며 자료를 분석하여 미래 흐름을 예측하는 사회학자도 아니기에 그런 글을 쓰기에는 적당하지 않다. 오히려 우리 교회가 어떤 미래와 전망을 그려가야 하는지를 이야기한다. 나는 교회사가로서 우리 그리스도의교회가 걸어왔던 과거 행적을 통해, 지금 걸어가고 있는 모습을 통해 바람직한 방향을 제시하려고 한다. 이 장에는 역사가로서 과거에 대한 깊은 반성 속에서 더 바람직한 교회를 만들어갔으면 하는 소망이 담겨있다. 이런 문제 제기를 통해 더 나은 미래를 꿈꾸고 새로운 전망을 위해 고민하는 우리가 우리 안의 숙제를 꺼내 놓고 다 함께 이를 냉철하게 직면해 보았으면 하는 소망이 있다. 이런 고민과 성찰을 통해 우리는 우리 교회의 미래를 좀더 나은 모습으로 만들어 갈 수 있을 것이며, 우리 교회의 영성과 신학을 좀더 균형 있게 형성해 갈 수 있을 것이다. 환원운동사를 연구하고 있는 포스터(Douglas A. Foster)

---

[206] 이 장은 전인수, "그리스도의교회 미래와 전망," 「참빛」 제382호(2020년 11·12월호), 47-55를 확장한 것이다.

13 장

는 이런 방식으로 미국 그리스도의교회가 새로운 미래를 만들어가야 한다고 제안한 적이 있다. 그는 『사이클은 계속될 것인가』(*Will the cycle be unbroken*)라는 책을 통해서 1990년대 미국 그리스도의교회의 문제를 진단하고 이것을 가지고 21세기의 방향성을 제시하였다. 그는 당시 미국 그리스도의교회를 괴롭히는 문제로 교회의 쇠퇴와 내부적인 분열을 들었는데, 비판과 성찰을 통해 이 사이클을 깨뜨릴 수 있다고 보았다.207) 2020년 교회 설립 90주년을 보낸 한국 그리스도의교회는 100주년, 200주년을 보다 나은 모습으로 맞이하기 위해 미국의 초기 환원운동가들과 연결되면서도 후속 세대에게 물려줘야 하는 우리 교회 전통에 대한 온고지신(溫故知新)의 자세가 필요하다. 우리는 우리의 전통을 창조적으로 재해석하고 새로운 환경에 적응하는 과제를 안고 있다.

환원운동은 크게 세 가지 지향점을 가지고 있다. 하나는 성서적 교회의 회복이다. 다른 하나는 일치된 교회의 회복이다. 마지막은 이를 통해 지역을 복음화하고 세계에 선교하는 것이다. 이런 환원운동의 목표는 "아버지여, 아버지께서 내 안에, 내가 아버지 안에 있는 것 같이 그들도 다 하나가 되어 우리 안에 있게 하사 세상으로 아버지께서 나를 보내신 것을 믿게 하옵소서"(요 17:21)라는 예수님의 말씀에 잘 나타나 있다. 곧 환원운동은 "세상으로 아버지께서 나를 보내신 것을

---

207) Douglas A. Foster, *Will the cycle be unbroken: Churches of Christ face the 21st century* (Abilene: ACU Press, 1994).

믿게 하옵소서"에서 볼 수 있는 것처럼 세계를 복음화시키는 전도가 궁극적인 목적이었으며, 이를 이루는 수단이 그리스도의 몸인 교회의 일치와 신약성서 기독교로의 환원이라고 보았던 것이다. 그렇다면 환원운동의 세 가지 지향점을 ①신약교회로의 환원 → ②모든 그리스도인의 하나 됨 → ③복음 전도로 정리할 수 있다. 이 세 가지 지향점을 중심으로 한국 그리스도의교회가 안고 있는 문제를 성찰해 보려고 한다. 이러한 고민이 우리 교회를 새로운 미래와 전망으로 이끌 수 있기를 바란다.

신약교회로의 환원을 다시 생각한다

"성경적"이라는 구호만을 외치는 교회여서는 안된다

우리 그리스도의교회는 성서가 이야기하는 그리스도의교회가 아닌, 고린도교회의 그리스도파처럼(고전 1:12) '이름'만 취하는 교회가 될 수도 있으며, 성서적 교회가 아닌 성서적 교회라는 '구호'만 외치는 교회가 될 수도 있다. 2014년 여름 충북 괴산 보람원에서 그리스도인대회가 열렸을 때 환원운동에 대해 특강을 했는데 그곳에는 이전에 그리스도의교회 성도였던 분들이 상당수 참여하였다. 특강이 끝난 후 여러 명이 몰려와 "우리는 지금 우리 교회에서 성서를 더 잘 배우고 있고, 더 성서를 가까이하게 되었다"며 "그리스도의교회

13 장

가 더 성서적인 교회인지에 대해 동의하기 어렵다" 라는 말을 하였다. 즉 성서를 그리스도의교회에 다닐 때보다 더 잘 배우고 있으며, 성서에 나타난 신앙을 보다 더 잘 체험하고 있다는 것이다. 이 말을 듣고 당시 필자는 작지 않은 충격을 받았다. 그때 느꼈던 마음이 바로 우리 그리스도의교회가 성서적 교회라는 구호에만 사로잡힌 교회로 전락하지 않았는가 하는 것이었다. 우리 교회 목회자들이 진정 다른 교파의 목회자들보다 성서를 더 가까이하고, 성서에 더 정통한 지 의심스럽다. 성서가 교회사 2천 년을 관통하면서도 풍성한 신학과 영성을 만들어 올 수 있었던 이유는 시대마다 성서를 새롭게 만났던 교회사의 위대한 인물들이 있었기 때문이다. 우리 교회의 목회자들도 성서와의 가까운 교제를 통해 매일 새롭게 빚어지는 존재가 되어야 한다. 무엇보다 성서에 정통해야 한다. 초기 환원운동가들처럼 성서를 진지하게 읽고, 성서를 새로운 눈으로 볼 수 있도록 노력해야 한다. 또 성서에 나타난 풍성한 영성과 신앙을 교인들이 체험할 수 있도록 기독교 신앙의 실천적인 부분도 신경을 써야 한다. 성경은 건조한 법조문이 아니다. 곧 명령한 것을 그대로 따라야 하는 법전이 아니라 하나님과 직접 소통하고 인격적으로 만나는 통로이다. 성서라는 우물 속에 두레박을 깊게 내려 영성의 물을 길어내야 하며, 성서라는 광맥을 따라 소중한 광석을 캐내어 성도들에게 공급해 주어야 한다.

한국 환원운동의 미래와 전망

머리와 가슴이 함께하는 교회가 되어야 한다

그동안 그리스도의교회 영성은 교리, 즉 머리를 강조하는 경향이 강했다. 18세기 미국은 기독교의 체질 자체가 복음주의로 전환되고 있었다. 조지 휘필드는 청교도주의를 대신해서 복음주의가 발흥하고 있음을 보여주었다.208) 18세기 복음주의는 형식이나 관습, 교리 체계보다는 체험과 경건, 실천과 행동으로 신앙을 체험하려고 하였다.209) 그래서 복음주의는 개인의 회심 체험을 무엇보다 강조하였다. 당시 미국인들은 국가가 요구하거나 국가가 제도화한 신앙이 아니라 개인의 자발성에 기초한 신앙을 추구하기 시작하였던 것이다. 특히 환원운동이 전개되던 초기에 미국은 제2차 대각성운동 기간이었다. 제2차 대각성운동은 1790년대에 시작되어 1800년경에 절정에 이르렀다. 당시는 의식적이며 감정적인 회심의 경험이 진정한 그리스도인의 삶으로 진입하는 일반적인 방법이라고 넓게 받아들여지고 있었다.210) 제2차 대각성운동을 이끈 이들은 감리교 설교자 프란시스 애즈버리와 찰스 피니였다. 애즈버리는 복음 전도에서 순회전도자 유형을 정착시켰다.211) 피니는 새로운 방법이라고 불리는 집회방식을 사용하여 부흥운동에서 큰 호응을 얻었다.212) 그는 '열망의 좌석'을 두어,

---

208) Mark A. Noll, *The old religion in a new world*, 52.
209) 이재근, 『20세기, 세계, 기독교』(서울: 복있는사람, 2022), 94.
210) Williston Walker, 『기독교회사』 송인설 역(서울: 크리스챤다이제스트, 1993), 721.
211) Mark A. Noll, 『미국 캐나다 기독교 역사』 최재건 역(서울: CLC, 2005), 219-220.
212) Williston Walker, 『기독교회사』, 722.

13 장

구원받기를 원하는 자들을 앞 좌석으로 초대했다. 그는 성령께서 초자연적으로 개입하는 것에만 의존하지 말고 부흥이 일어나도록 스스로 노력해야 한다고 설교했다.213) 그가 쓴 『종교부흥강의』(*Lectures on Revivals of Religion*)는 인간의 노력이 부흥을 예비하는 데 결정적으로 중요하다는 확신을 전제한 책이있는데 미국과 영국에서 큰 인기를 끌었다.214) 그는 참다운 부흥은 반드시 죄에 대한 깊은 깨달음과 회개를 동반하며, 믿음이 갱신되고 세상과 죄의 권능을 파괴한다고 주장했다.215)

제2차 대각성운동으로 감리교와 침례교가 크게 성장한 반면 회중교회와 장로교회는 부흥했으나 19세기 초보다 상대적으로 후퇴하였다.216) 1830년대 감리교회와 더불어 침례교회도 이 시기 급성장하여 장로교회와 회중교회를 수적으로 넘어섰다. 1850년 감리교는 13,302개의 교회와 260만 신도로 미국 최대교파가 되었다. 대각성운동은 복음주의적이며, 개인주의적이고 감정적인 신앙을 고무시켰다.217)

그렇다면 대각성운동과 환원운동의 관계는 어떠할까? 환원운동이 성장하는데 대각성운동이 풍성한 토양이 되었다는 것은 의문의 여지가 없다. 환원운동가들의 전도활동이 이런 대각성운동의 흐름 안에 있었기 때문이다. 반면 부흥운동의 감

---

213) John Wolffe, 『복음주의 확장』, 98.
214) John Wolffe, 『복음주의 확장』, 100.
215) 양낙흥, "부흥이란 무엇인가?" 「기독교사상」 제56호(2013. 8), 22-23.
216) Williston Walker, 『기독교회사』, 724-725.
217) Mark A. Noll, 『미국 캐나다 기독교 역사』, 141-143.

한국 환원운동의 미래와 전망

정적인 면에 대해서 발톤 스톤은 긍정적인 경향이 짙었던 데 반해 알렉산더 캠벨은 부정적인 경향이 짙었다. 미국 서부변경 지역의 광란과 격정의 감정적 부흥회를 두려워한 환원운동가들로 인해 우리 교회는 19세기 후반에 보다 제한적이고 엄격한 종교가 되었다. 베리힐(Berryhill)이 지적한 바와 같이 알렉산더 캠벨은 부흥사들 사이에서 만연한 그 남용을 피하려고 하였으나 감정보다 이성의 지배, 설명하는 강의, 그리고 집중적인 성경공부를 '제자들' 사이에서 생겨나게 하였다.218) 이 때문에 20세기경 가슴이 차지할 자리에 관한 생각이 시간이 갈수록 작아졌다.

단 킨더의 『환원운동가들의 삶과 영성』(*Capturing Head & Heart*)에는 그리스도의교회를 떠난 이들에 대해서, 캘리포니아 남부지역에 근거한 앤드류 월(Andrew Wall)의 조사 결과가 인용되어 있다. 그 조사에 의하면 응답자의 77%는 교회가 보다 더 가슴으로 느끼고 예배가 더 표현하는 스타일이기를 원했다. 또 73%는 예배가 따분하다고 응답했다.219) 또한 이클리 주니어(Flavil R. Yeakley Jr.)는 미국 그리스도의교회를 떠난 이들에 대한 조사에서 우리 교회가 전도를 할 때 교리 중심에서 벗어나야 한다며 다음과 같이 말하였다.

---

218) Carisse Mickey Berryhill, "Alexander Campbell's Natural Rhetoric of Evangelism," *Restoration Quarterly* 30(1980): 124; Donald M. Kinder, *Capturing Head & Heart*, 180에서 재인용.
219) Andrew Bart Wall, "A Study of Disaffilliation from Churches of Christ in Southern California"(Ph.D. dissertation, Fuller Theological Seminary, 2001), 1; Donald M. Kinder, *Capturing Head & Heart*, 180에서 재인용.

13 장

우리가 명제에 반응해서가 아니라 사람에 반응하여 자주적인 인간이 되는 것처럼 그리스도가 우리 안에 형성되는 것도 마찬가지이다. 그것은 예수의 인격에 반응할 때 일어나는 것이지, 믿어야 할 교리나 순종해야 할 명령에 대한 명제에서 발생하는 것이 아니다. … 많은 복음 전도 접근방식의 약점은 그들이 예수 그리스도의 인격에 중심을 두기보다는 교리에 중심을 둔다는 점이다. 일부 사람들은 그리스도보다 교회를 설교하는 데 초점을 맞춘다.[220]

앞에서 언급했던 단 킨더는 『환원운동가들의 삶과 영성』에서 미국 그리스도의교회가 가슴보다 머리를 중시하는 신앙에 치우쳐 있음을 안타까워하면서 그것은 초기 스톤-캠벨운동의 지도자들이 지닌 영성과는 달랐다고 지적한다. 이성적이라고 알려졌던 알렉산더 캠벨조차도 기도와 개인적 헌신의 사람이었을 뿐만 아니라 특이한 큰 믿음과 따뜻함, 유머를 가지고 있었다는 것이다. 단 킨더는 21세기를 사는 우리가 영적인 삶의 균형을 추구하기 위해 가끔 과거를 돌아보고 기독교가 좌뇌적임과 동시에 우뇌적 종교임을 인식해야 한다고 말한다. 스톤-캠벨운동의 초기 지도자들은 그리스도에 의해 지배되는 뇌의 양쪽 면 모두를 가지고 있었다는 것이다. 오늘날 유행하는 포스트모더니즘은 감정을 중시하는데 이는 현대인의 영성이 변화하고 있음을 보여준다. 변화된 환경은 성경을

---

[220] Flavil R Yeakley Jr. *Why They Left: Listening to Those Who Have Left Churches of Christ* (Nashville: Gospel Advocate, 2012), 202-203.

보는 눈을 바꾸기도 하는데 그런 의미에서 새로운 관점에서 영성을 이해할 필요가 있다.221)

우리는 아직도 회복해야 할 것이 많다

알렌과 휴즈는 『환원운동의 뿌리』에서 역사 안에는 다양한 환원운동이 있었다고 말한다. 예를 들면 종교개혁자 루터는 성서가 말하는 은혜의 복음을 회복하려 했다. 재세례파는 사도들의 삶의 방식과 제자도를 회복하려 했다. 성결교회는 성령 안에서 초기 그리스도인들의 성화된 생활방식을 회복하고자 하였다. 오순절파는 초대교회 성도들이 누렸던 성령의 권능을 회복하고 싶어 했다.222) 이것은 우리만이 환원운동을 독점할 수 없음을 가르쳐 주며, 우리 환원운동의 빈 곳을 확인하게 만든다. 우리는 그들에게 환원에 대한 또 다른 모습을 배울 수 있다.

그리스도의교회는 1세기 교회로 일부는 환원했고 일부는 그렇게 하지 못했다. 우리는 신자의 침례, 매주 성찬, 회중 찬송, 지역교회 리더십을 회복했다. 이제는 초기 그리스도인이 경험했던 영성과 기도 생활의 깊이를 회복해야 한다. 초기 기독교 공동체는 기도에 전념하였다. 또 우리는 자신들을 희생하면서까지 주도적인 로마제국의 문화에 도전했던 초기 그리스도인의 모습을 회복해야 한다. 그들은 로마제국과는 다른

---

221) Donald M. Kinder, *Capturing Head & Heart*, 35.
222) C. Leonard Allen and Richard T. Hughes, 『환원운동의 뿌리』, 219-220.

13 장

하나님의 나라를 선포했고 그 시민으로 살았다. 그들의 황제는 카이사르가 아니라 예수 그리스도였다. 재림에 대한 소망도 마찬가지다. 우리는 정의, 자비, 신실과 같은 일도 회복해야 한다. 신약교회 안에 있는 충만한 영성도 회복해야 한다. 이 점에 있어 할러웨이(Gary Holloway)와 포스터는 자신들의 공동 저서에서 그리스도의교회가 환원되고 계속 환원하는 교회, 유일한 그리스도인이라고 자처하지 않는 교회, 성과 인종을 초월하여 모든 이들을 위해 기도하는 교회, 이성과 감성을 모두 충족시키는 복음의 통전성을 회복하는 교회, 예수의 재림을 깊이 고대하는 교회가 되기를 원하면서, 이를 총제적으로, 신앙의 여정에 있는 길 위의 존재인 '난민'(refugee)으로 표현하였다.[223]

그래서인지 한국 그리스도의교회를 개척한 이들이나 다음 세대 안에는 신약교회의 회복을 미국 그리스도의교회의 전통 안에서만 이해하지 않고 성서 속에서 폭넓게 찾아보려는 시도가 있다. 예를 들면 이종민 목사는 자신이 개척한 교회의 성격을 "초대교회가 가진 나눔의 기쁨과 모범은 지금 시대 속에서도 너무나 필요한 마음이다. 그러한 동기로 시작한 도시락 사역은 음식을 제공하는 것을 넘어 하나님의 마음과 손길을 이웃들에게 나누어 주는 일이다."고 말한다.[224] 강서대학교 신학대학원에서 공부하고 있는 윤재진의 경우 "사도행

---

223) Gary Holloway and Douglas A. Foster, 『하나님의 백성을 새롭게』, 186-200.
224) 이종민, "말씀세움 교회 이야기," 「참빛」 제394호(2022년 11·12월호), 74.

전을 보면, 교회의 모든 사람이 자신의 것들을 가지고 와서 통용했다. 이 말은 네 것 내 것이 아니라 우리 모두의 것이라고 하면서 서로가 하나 되는 그런 공동체가 되었다는 말"이다. 그래서 윤재진은 자신에게 환원운동은 초대교회의 사랑과 가족 같은 공동체를 회복하는 것이라고 말한다.225) 환원의 지점을 이처럼 미국 그리스도의교회 전통에만 제한시키지 않고, 더 폭넓게 본다면 우리 그리스도의교회를 매우 다양하고 풍성하게 만들 수 있을 것이다.

모든 그리스도인의 하나 됨

환원운동은 성서에서 '하나'의 진리를 찾는 운동이 아니다

스톤-캠벨운동은 현재 교회일치를 우선시하는 입장과 신약교회의 회복을 강조하는 입장으로 양분되어 있다. 본래 스톤-캠벨운동에서 신약교회의 회복은 교회일치를 위한 전 단계였다. 신약교회로의 회복이 목적한 바는 바로 교회일치였던 것이다. 그런데 스톤-캠벨운동으로 형성된 각 지류는 이 두 가지 가치 중에서 하나를 그들 정체성의 핵심으로 삼게 되었다. 좀더 단순하게 표현하면 제자들교회는 교회일치를, 그리스도의교회는 신약교회 회복의 가치를 더 중시하고 있는 것이다.

그런데 스톤-캠벨운동을 자세히 살펴보면 각각의 지류가

---

225) 윤재진. "우리가 환원해야 할 초대교회의 모습." 「참빛」 제394호(2022년 11·12월호), 108-109.

13 장

서로 다른 가치를 더 중시하고 있는 것처럼 보이지만 역사적으로 이 두 가지 지향점은 우리가 눈치채지 못할 정도로 서로 얽혀있거나 통합되었다. 그래서 우리 그리스도의교회 안에서는 기독교인의 일치를 이루기 위해서는 신약성서에서 '하나'의 원칙을 찾아 그것에 동의해야 한다는 신학 전통이 형성되었다. 예를 들면 성서에서조치 '하나님의 교회'라는 용어가 사용되고 있음에도 '그리스도의교회'가 더 나은 이름이며 이 이름에 일치해야 한다는 신학이 형성되었던 것이다. 이것은 신약교회로의 환원이라는 가치와 교회일치의 가치가 서로 통합되어 버린 결과이다. 곧 교회일치를 이루기 위해 하나의 일치점을 모색하는 과정에서 우리도 의식하지 못하는 사이에 신약교회에는 특정 사항에 대해 '하나'의 진리만이 존재한다는 입장이 자리 잡았던 것이다. "본질에서의 일치를"(in essentials, unity)이라는 구호를 그저 '하나'로의 만장일치로 이해한 경향이 컸다. 또 우리 운동은 "비본질에서의 자유"(in non-essentials, liberty)를 이야기하지만, 비본질적인 것조차 본질로 보면서, '하나'로 일치해야 한다고 생각했던 역사적 사례가 많이 있다. 이렇게 되면 신약교회로 돌아가는 길은 환원운동가들이 발견한 그 진리로 돌아가는 것이 되어버릴 위험성이 높다. 이 점에서 신약교회로의 회복은 하나로의 일치라는 성격이 강해 그만큼 환원운동이 신학적으로 폭이 좁아질 가능성이 크다. 이런 신학적 입장은 성서가 담고 있는 풍성한 함의를 온전히 누리지 못하게 하는 부정적 영향력으로 나타날 수 있고, 우리 교회를 배타적으로 만들 가능성도 크다.

교회의 일치를 주장했던 교회가 분열되어 버렸다

초대교회로의 환원을 통한 교회일치를 추구했던 운동이 몇 차례의 고통스러운 분열과 갈등을 겪었다는 사실은 이 운동의 이상과 현실 사이에서 노출된 흥미롭고 치명적인 역설이다. 이 때문에 환원운동을 비판하는 이들의 단골 메뉴는 일치운동이 왜 결국 교파가 되었고, 그 안에서도 왜 분열이 일어났느냐 하는 것이다. 우리 교회가 교회분열로 비난을 받는 가장 큰 이유는 환원운동이 일치운동이었기 때문이다. 사실 본래의 이상에 부합하지 못한 모습은 우리 교회만의 모습은 아니다. 장로교회(개혁교회)는 "개혁된 교회는 늘 개혁되어야 한다", 감리교회는 성화를, 성결교회는 성결을, 오순절교회는 성령의 역사를 이야기했지만, 어느 교파도 자신들의 이상을 달성했다고 보기 어렵다. 그럼에도 그들은 비판에 비켜나 있다. 그 이유는 개혁, 성화, 성결, 성령의 역사라는 목표는 객관화하고 정량화할 수 없기 때문이다. 반면 교회분열은 매우 가시적이어서 쉽게 평가할 수 있다.

환원운동사에서 발생한 갈등과 분열은 이 운동이 교회일치를 위한 관용보다는 교리적 순수성과 통일성을 중시했기 때문일 것이다. 그럼에도 환원운동 그룹이 다른 교파보다 더 분열되었다는 비판은 온전한 평가가 아니다. 남침례교회

13 장

(Southern Baptist Convention)는 30여 개의 교단이 포함되어 있으며 그 교단들끼리의 신학적 차이도 크다. 복음주의루터교회(Evangelical Lutheran Church)의 경우 1980년대 세 개의 교단이 연합했지만, 이들 외에도 13개의 루터교단이 미국에 존재한다. 또한 장로교도 1980년대 교단 연합을 이루어 냈지만, 여기에 포함되지 않은 6개의 교단이 있다. 다른 교파들의 분열상도 마찬가지다. 이 때문에 환원운동 그룹에 대한 비판은 지나친 면이 있다. 그럼에도 우리는 환원운동 지류 안에서의 협력과 더불어 그리스도인의 일치를 위해 가시적인 노력을 해야 한다. 특히 최근 한국 그리스도의교회 안에서도 분열이 발생하여 이 문제를 어떻게 해결해 가야 할 것인가 하는 깊은 고민을 안게 되었다.

'교회 안'의 일치 문제가 우리에게 닥친 새로운 도전이다

교회일치를 추구하는 환원운동은 교회 안에서의 일치도 고민해야 한다. 그리스도의교회의 교회일치운동은 강한 평신도 지향성, 민주주의와 자유에 대한 강조에서 볼 수 있는 것처럼 진보적인 측면이 강한 반면에 몇 가지 문제에서는 매우 보수적이고 전통적인 입장을 고수했다. 포스터는 『환원운동사 이야기』(*The Story of Churches of Christ*)에서 미국 그리스도의교회가 지난 100년이 넘도록 백인이 강요한 분리, 가부장주의, 인종주의로 규정할 수 있다고 평가한다.[226]

---

226) Douglas A. Foster, 『한 시간에 독파하는 환원운동사 이야기』, 51.

한국 환원운동의 미래와 전망

이런 문제는 오늘날 미국교회에 상존하고 있지만 앞으로 한국 그리스도의교회도 더 많은 고민을 하게 될 것이다. "그들도 다 하나가 되어 우리 안에 있게 하사"(요 17:21)라는 예수의 기도를 19세기 미국 환원운동가들과는 다른 21세기의 상황에서 논의해야 할 때가 된 것이다. 한국 개신교는 선교 초기 여성 평등에 크게 기여했다고 평가받고 있지만 오늘날 한국교회는 한국 사회의 여성 평등 수준에 한참 미치지 못하며, 많은 개신교 교파들이 여성 문제에 있어 전통적인 관점을 취하는 공동체로 남아있다. 정재영의 『한국교회의 미래 10년』에서 재미있는 점을 발견할 수 있는데, 기독교 신앙 단계가 높고, 신앙심이 강하다고 생각하는 사람이 성 평등에 대해 더 보수적인 경향을 보인다는 것이다.[227] 이는 그런 여성의 역할이 성서적이라는 확신과 깊게 연결되어 있기 때문이다. 이 점은 그리스도의교회도 예외가 아니다.

18세기 미국에서는 가정을 잘 돌보고 경건하고 순수하면서 순종적인 이상적 여성(true woman) 개념이 요구되었는데 그리스도의교회 안에도 이런 여성상이 자리를 잡았다.[228] 한국에 온 선교사들의 여성관도 이에 기반하였다.[229] 1874년 그리스도의제자들에서는 그리스도인여성선교위원회(CWBM)를 세웠고, 또 몇몇 여성 사역자들이 등장하여 안수를 받고 세례를 주는 등 주도적인 역할을 하였다. 이에 대해 남성 보수주의자

---
227) 정재영, 『한국교회의 미래 10년』(개정판: SFC, 2019), 78.
228) 박영란, "'그리스도의교회'에서의 여성의 역할," 『한국기독교신학논총』 96(2015), 159-160.
229) 박영란, "'그리스도의교회'에서의 여성의 역할," 168.

13 장

들이 강력하게 반발하기도 하였다. 여성의 설교 가부(可否)에 대해 립스콤과 홀만(Silena Moor Holman, 1850-1915)이 논쟁을 벌였다. 립스콤은 교회에서 여성의 공적 역할을 반대했고 홀만은 이를 강하게 주장하였다. 그리스도의교회와 그리스도의제자들이 분리되면서 립스콤의 입장이 그리스도의교회 주류 견해가 되었다. 머지않아 한국 그리스도의교회 안에서도 이러한 여성 문제를 공적으로 논의할 때가 올 것이다.

　인종 문제도 우리의 과제다. 오랫동안 단일민족의 테두리 안에서 삶을 영위해 왔던 한국인에게 다문화·다인종은 새로운 도전이 되고 있다. 한국 사회의 다문화 정책은 한국 사회로의 동화(assimilation)에 초점을 맞추고 있다. 교회의 사역도 이런 점에서 예외가 아니었다. 사실 교회도 이주민의 동화에 사역의 초점을 맞추어 왔기 때문이다. 이런 점에 착안한다면 환원운동이 추구하는 교회 안의 일치는 '하나'로의 일치가 아닌, 각자의 개성을 존중하고 다름을 인정하는 '다양성 속의 일치'를 모색해야 하는 완전히 새로운 도전이 될 것이다. 이미 한국교회는 여성과 인종, 장애인을 넘어 성 소수자 문제를 어떻게 해결해야 하는 지로 깊은 갈등상태에 놓여 있다. "거기에는 헬라인이나 유대인이나 할례파나 무할례파나 야만인이나 스구디아인이나 종이나 자유인이 차별이 있을 수 없나니 오직 그리스도는 만유시요 만유 안에 계시니라."(골 3:11)라는 바울의 말을 교회 안에 어떻게 구현할 것인가가 우리의 새로운 과제가 될 것이다.

한국 환원운동의 미래와 전망

복음 전도

성령님이 교회를 교회되게 하신다

사도행전 2장 42~47절은 모든 그리스도인이 모범으로 삼고 있는 교회의 이상적인 모습이다. 미국 환원운동가들은 초대교회가 어떤 모습인지 알고 있었고, 당시의 교회가 초대교회와 많이 달라져 버린 모습도 발견했다. 그들은 교회가 교회 되길 원했다. 그들은 교회에는 마땅히 하나님의 말씀이 있어야 하고, 교제하며, 성만찬을 해야 하며, 기도해야 하고, 사랑을 실천해야 함을 알았다. 그리고 이를 모범으로 삼아 그런 초대교회를 회복하고자 했다. 그러나 오늘날 입장에서 생각해보면 환원운동가들은 이 초대교회를 움직였던 성령님을 진지하게 고민하지 못했다. 곧 초대교회의 모범적인 모습이 어떠한지는 알았지만, 그것이 왜 가능했는지에 대한 고민이 부족했다는 뜻이다. 교회를 교회 되게 하시는 분은 성령님이시다. 이클리 주니어의 『그들은 왜 떠났는가』에 의하면 미국에서 그리스도의교회를 떠난 이들은 우리 교회가 "성령의 내주함을 믿지 않는다"고 생각할 정도로 성령님에 대해 무관심하다고 느끼고 있었다.[230]

우리에게는 성령님에 대해 생각해 볼 수 있는 귀한 자산이 있다. 바로 발톤 스톤이다. 그가 미국 교회사에 명확한 흔적

---

[230] Flavil R Yeakley Jr. *Why They Left*, 71.

13 장

을 남긴 계기는 1801년 케인릿지 집회 때문이었다. 시드니 알스트롬은 케인릿지 집회를 미국의 복음주의적 개신교가 부흥된 하나의 맥을 제공한 세기를 뛰어넘는 상징적 사건으로 보았다.[231] 곧 이 집회는 교회사에 엄청난 성령운동의 하나로 기록되고 있는 것이다. 반면 알렉산더 캠벨은 계몽주의의 영향력에 반응하여 기독교의 합리성을 강조했으며, 존 로크의 사상과 같은 스코틀랜드 철학의 영향을 받았다. 이 때문에 그는 우리가 성령을 받는 행위를 성서의 증거를 받아들이는 것과 동일시하였다. 성령은 어떤 다른 데가 아니고 오직 말씀과 그 말씀에 대한 증거에 있다고 보았다. 알렌은 『부어주심』(*Poured Out*)에서 이를 "성령을 말씀 안으로 밀어 넣기"로 표현하였다.[232] 필자 같으면 더 부정적인 함의를 살려 "성령을 말씀 안에 가두기"로 표현했을 것이다. 알렌은 그리스도의교회가 성령님의 사역에 관심을 두기 원한다. 그리스도의교회는 시대에 따라 신학적 균형을 맞출 수 있도록 발톤 스톤과 알렉산더 캠벨이라는 두 위대한 인물을 가지고 있다. 성령님의 역할이 중요한 이때 스톤에게서 배워 캠벨과의 균형을 맞출 필요가 있다. 만약 지나치게 비정상적 성령운동이 난무한다면 캠벨에게서 도움을 받을 수 있다. 성령님에 대한 사모함이 부족한 지금의 그리스도의교회는 발톤 스톤의 강조점에 주의를 기울일 필요가 있다. 신약교회, 더욱 구체적으로 사도

---

231) Sydney E. Ahlstrom, *A Religious History of the American People*, 435.
232) C. Leonard Allen, 『부어주심: 하나님의 선교에 능력을 부여하시는 성령』 정남수 역(서울: 쿰란, 2020), 55.

행전의 교회로 돌아가려는 교회가 성령님의 역사에 무관심하다는 것은 사실 엄청난 아이러니가 아닐 수 없다.

코로나 이후 변화된 환경에 맞는 새로운 모색이 필요하다

2019년 12월 중국 우한에서 시작된 코로나19 감염은 '뉴 노멀(New Normal)'이라는 신조어를 만들어 내면서 전 세계에 제4차 산업혁명, 비대면·온라인을 중심으로 하는 새로운 삶의 방식을 가속화 시켰으며, 교회에도 기존과는 전혀 다른 문화와 신학을 형성하도록 자극하였다. 코로나 사태는 지금까지 우리를 떠받치고 있던 문명에 대해 근본적인 성찰과 새로운 삶의 전환을 요구하고 있다. 이번 사태로 인류는 삶을 구성하는 거대한 연결망을 새롭게 자각하였고, 만물의 연관성과 상호 책임성을 깊이 인식하게 되었다. 또 경제성장을 최우선으로 하는 자본주의사회의 문제점에 대해서도 고민하게 되었다.

안타까운 것은 코로나 유행기 동안 교회가 코로나 확산의 온상지로 부상하면서 선교에 커다란 타격을 입었다는 사실이다. 코로나 사태를 통해 한국교회는 사회적 공동선의 부재, 사회적 감수성 부족을 여실히 드러냈다. 이 때문에 한국 사회는 한국교회와의 '사회적 거리두기'를 시도하였다. 이제 한국교회는 장기적인 비전과 전략을 통해 '성찰하고 책임지는' 하나님 나라의 전위 부대로서 새롭게 태어나야 할 과제를 안게 되었다. 목회자들이나 교회의 주류를 형성하고 있는

13 장

기성세대는 코로나 이전으로 빠르게 돌아가고 싶어 하겠지만 이미 변화되어 버린 지금의 상황은 되돌리기 힘든 사회적 흐름이 되었다.

신학적인 패러다임의 변화도 필요하다. 경제와 양적 성장 중심이었던 교회의 신학이 생명과 생태 중심으로 전환되어야 하는 과제가 있는 것이다. 왜냐하면 코로나 감염이 지구 생태계의 파괴와 직접 연관되어 있기 때문이다. 코로나 사태는 인류가 구축해온 반생태적·반생명적 문명의 시스템이 낳은 재앙이었던 것이다. 우리 신학의 방향과 교회의 실천이 동식물의 복지와 환경 보존에 매우 민감해져야 한다. 동시에 코로나 사태는 그동안 하나님의 주권을 지나치게 강조하고 이 세계에 대한 인간의 책임을 경시해왔던 기존의 신학적 흐름에 대한 '균형'을 요구하고 있다.

팬데믹 상황은 무엇보다 한국교회를 떠받치고 있는 교회론에 대한 문제점을 가시화시켰다. 최근에는 정재영이 『한국교회의 미래 10년』에서 말했던 "한국형 이머징 처지"(Korean emerging church)가 등장하고 있는데 이들 교회는 기성교회와 명확하게 구분된다. 예를 들면 순수하게 사이버 공간에서만 운영되는 온라인 교회, 다문화교회, 목회자가 존재하지 않는 평신도 교회, 가나안 교회가 그것이다. 이런 새로운 교회의 등장과 코로나 19 앞에서 한국교회는 기존의 교회론을 전면적으로 재검토할 수밖에 없는 상황에 직면하게 되었다. 코로나 19는 새로운 유형의 교회에 힘을 실어주었다.

한국 환원운동의 미래와 전망

제도종교에 대한 한계가 명확해 지면서 신앙이 더 일상화되고, 비예배당 소모임이 활성화될 가능성이 크며, 온라인 예배를 수긍할 수밖에 없는 환경이 조성되고 이를 뒷받침하는 신학이 만들어질 것이다. 특히 예배당이 없는 온라인 교회가 어느 정도나 기성교회의 대안으로 자리 잡을지도 궁금하다.

21세기에도 교회 개척은 계속되어야 한다

마지막으로 21세기 한국 그리스도의교회의 교회 개척 문제를 다루어 보고자 한다.233) 기독교가 전 세계적으로 조금씩이라도 성장하는 추세이기는 하지만 한국의 경우 코로나 19의 유행, 탈교회 현상, 가나안 성도의 증가, 인구 감소, 무종교인의 증가 등 여러 요인으로 교회를 찾는 성도의 수가 해마다 줄고 있다. 교회를 개척하여 자리를 잡는 곳은 10% 미만에 그치고 있다.

최근 한국교회의 교회 개척의 유형을 파악해 보면, 공동 목회를 통한 개척, 지역사회와 함께 하는 개척(지역의 필요를 채워주는 교회), 기존 교회 예배당 형태를 벗어나 지역사회와의 접점을 친근하게 하려고 커피숍이나 공부방, 만화방을 통한 교회 개척, 분립 개척, 지교회 개척, 다음세대를 품는 교회, 타문화권 교회 개척, 상처받은 사람을 치유하는 교회 개척 등 다양한 형태로 이루어지고 있다. 그리스도의교회도 이

---

233) 이 부분은 전인수, "21세기에 개척된 그리스도의교회 이야기," 「참빛」 제394호(2022년 11·12월호), 55-58을 참고하였다.

13 장

에서 크게 벗어나지 않는다. 다만 21세기에 개척된 한국 그리스도의교회의 경우 분립 개척이나 지교회 개척, 타문화권 개척은 찾아볼 수 없다. 분립 개척이나 지교회 개척은 교회가 최소한 자립하여 선교나 교회 개척에 대한 여유가 있어야 가능한데 그리스도의교회의 경우, 타교파처럼 수백 명 혹은 천 명 이상 되는 중대형교회가 부재한 상황이다. 현재 한국에는 탈북민, 중국교포, 동남아 외국인, 다문화 사역 등 타문화권 사역을 하는 교회가 있으나 그리스도의교회의 신생교회의 경우 이를 전문적으로 하는 교회는 아직 설립되지 않았다. 그렇지만 복지시설이나 장애인 사역, 암 환자 사역 등 적지 않은 교회가 이웃의 필요를 채우며 특별한 영역의 목회를 감당하고 있다.

최근 한국교회의 개척 경향을 보면 지역사회와 직접 소통하면서 교회를 성장시켜가는 마을목회나 선교적 교회(missional church)를 지향하는 경우가 증가하고 있는데 그리스도의교회의 경우 말씀세움교회(이종민 목사) 외에는 지역사회와 적극적으로 소통하며, 그 지역사회와 함께 가는 교회는 크게 보이지 않는다. 그래서 그리스도의교회가 지역사회와 함께 가는 목회를 좀 더 고민했으면 한다.

한국 그리스도의교회의 경우, 다른 교파의 개척교회와 마찬가지로 예배당 유형이 가정교회나 아파트 교회, 상가 임대 등의 형태가 많았다. 고정된 예배당을 갖지 않고 주일에만 공간을 대여하는 실속형 교회도 적지 않다. 개척교회 목회자들은

한국 환원운동의 미래와 전망

재정 형편이 어려워 목회에 집중하기 어렵고, 갈수록 높아지는 임대료와 생활비 등으로 재정 압박이 크다. 이를 극복하기 위해 '이중직'을 선택하는 목회자들이 늘어나고, 임대료의 부담을 줄일 수 있는 창의적인 교회 개척을 많이 고민하고 있다. 안타까운 사실은 20세기의 경우 교회성장으로 인해 독립적인 예배당을 건축하는 경우가 많았으나 지금은 교회성장의 둔화 및 쇠퇴 때문에 안정적인 예배당을 갖는 일이 매우 어렵게 되었다는 것이다. 그럼에도 한편으로 주목할 만한 부분은 최근 개척 목회자들은 교회와 예배당을 신학적으로 확실히 구분하고, 예배당에 크게 신경 쓰지 않는 교회론을 가진 이들이 많다는 사실이다. 어떤 목회자의 경우 의도적으로 작은 교회를 지향하는 경우도 있다. 곧 최근 안정적이고 큰 교회 예배당을 무리해서 확보하려는 시도가 적은 이유는 경제적인 어려움만이 아니라 신학적인 이유도 큰 것이다.

21세기 그리스도의교회 개척에서 찾아볼 수 있는 점은 분명한 교회의 비전과 목회철학이다. 이는 20세기의 목회자들이 교회의 비전이나 목회철학 없이 교회를 개척했다는 의미는 아니다. 그러나 20세기의 경우 영혼 구원에 대한 갈급함과 양적인 교회성장이 자동으로 목회철학을 견인한 바가 컸다. 곧 교회성장이 목회자들의 비전이 되었고, 목회자 스스로 교회에 특별한 색깔이나 정체성을 입히려는 시도는 그만큼 적었다는 뜻이다. 그런데 오늘날의 개척교회는 분명한 자기 교회만의 색깔과 신학, 목표를 담아내려고 노력하고 있다. 여기에 더해

13 장

그리스도의교회다운 색을 담아내기를 원하는 교회가 많다. 그리스도의교회다운 정체성을 담아내는 경우에도 크게 두 가지 경향이 있다. 하나는 아카펠라 찬양이나 성만찬, 남성 중심의 리더십 구성 등 전통적인 교회관에 입각한 그리스도의교회를 만들어보려는 경향과, 신약교회 안에 있었던 여러 특징 중 하나를 재발견하여 자신의 교회에 구현하고자 하는 창조적인 시도도 보인다. 그리스도의교회가 신약교회를 지향하고, 개교회의 자치를 그 무엇보다 중시한다는 점에서 이런 두 가지 경향 모두를 우리 그리스도의교회가 충분히 수용할 수 있다고 본다.

지금까지 우리 그리스도의교회가 걸어왔던 과거를 교훈 삼아 앞으로 어떤 길을 걸어가야 할 것인가에 대해 환원운동의 세 가지 지향점을 중심으로 살펴보았다. 환원운동의 세 지향점은 신약교회로의 환원, 모든 그리스도인의 하나 됨, 복음전도이다. 그중 신약교회로의 환원에서 반성할 점으로 우리 교회가 성경적이라는 구호에만 그쳐서는 안 되며, 머리와 가슴이 함께하는 교회여야 하며, 우리가 회복해야 할 다양한 초대교회의 모습이 남아있음을 비판적으로 성찰해 보았다. 그리스도인의 하나 됨, 즉 교회일치의 측면에서는 환원운동이 성서에서 '하나'의 진리만을 찾는 운동이 아니며, 우리가 모든 기독교 교회의 일치를 외쳤음에도 우리 스스로 분열의 역사를 써 내려간 뼈아픈 역사를 반성해야 하며, 교파의 일치만

한국 환원운동의 미래와 전망

이 아니라 우리 그리스도의교회 안에 존재하는 인종, 성 평등 문제 등에 대해서도 진정한 '일치'를 고민해야 할 때가 도달했음을 지적하였다. 복음 전도에 있어서는 성령님이 교회를 교회 되게 하시고, 복음 전도를 가능케 하시는 진정한 주인이심을 깨달아야 하며, 코로나19 팬데믹 이후 교회에 대해 새로운 고민을 해야 하고, 21세기 한국 그리스도의교회 교회 개척의 문제를 살펴보았다.

지금 우리 그리스도의교회는 어려운 시기를 통과하고 있다. 교인 수가 줄어드는 문제, 신학생 수급의 어려움은 주류 교단보다 더욱 심하다. 그리스도의교회 신앙전통이 2세대 자녀들에게 대물림되지 않는 현상도 가슴 아프다. 부모 세대는 그리스도의교회에 헌신하지만, 자녀 세대는 다른 교단에서 신앙생활하는 경우가 드물지 않다. 환원운동에 대한 정체성 문제도 심각하다. 1990년대까지만 해도 고향에서 상경할 경우 그리스도의교회를 찾아가는 현상을 흔히 발견할 수 있었으나 오늘날 교회에 대한 정체성은 현저히 약화되었다. 그동안 그리스도의교회는 교회가 무엇인가에 대해 천착하면서 성서적인 교회를 고민하고 이를 실현하기 위해 노력해 왔지만 가야 할 길이 멀다는 생각이 든다.

앞으로 우리는 어떤 미래를 그려갈 것인가? 우리는 우리 교회에 대해 어떤 전망을 세울 수 있을까? 본 장이 제기한 문제들에 대한 깊은 성찰이 변화의 발판이 될 수 있을 것이다. 앞에서 언급했던 미국교회에 대한 포스터의 답은 이렇다.

13 장

그는 "그리스도의교회 분열의 사이클을 깨는 데는 두 가지가 필요하다. 이것들은 분리될 수 없지만 서로 다르다."라면서 그 두 가지로 신자 개인들의 영적인 갱신과 그 결과로 인한 그리스도의교회 전체의 각성을 들었다. 우리도 우리가 안고 있는 문제들에 대한 깊은 성찰, 상대방에 대한 넓은 아량, 우리 전통에 대한 깊은 애정을 통해 앞으로 한국 그리스도의교회 100주년, 200주년을 새롭게 맞이해 보기를 기도해 본다. 그런데 이 모든 일이 하나님 은혜의 사역임을 잊지 말아야 한다.

필자의 모든 문제 제기는 교회사적 관점에서 살펴본 것이다. 곧 우리는 초대교회의 어떤 모습을 회복해야 할지 오늘 우리의 자리에서 다시 고민해 봐야 한다는 것이다. 왜냐하면 교회사적 관점에서 보면 모든 역사적 인물들은 시대의 아들, 즉 당시의 시대적 한계에 갇혀있었고, 시대적 관점 안에서 사고했으며, 그들이 직면한 현실 문제와 씨름했기 때문이다. 이 점은 19세기 초기 환원운동가들도 마찬가지이다. 그들의 고민은 매우 역사적이다. 이 때문에 그들의 고민과 우리의 고민이 모두 같을 수는 없다. 오늘의 시대에서는 오늘의 현실 문제에 답하는, 오늘의 관점에서 응전하는 환원운동이 필요하다.

부록

History of the Restoration Movement

동석기 전도자의 선교편지
추수지 한국

해제

1. 본 글은 동석기 전도자의 한국 선교 활동에 관한 기록으로서 Howard L. Schug and Jesse P. Sewell, ed., *The Harvest Field* (Athens, Alabama: Bible School Bookstore, 1947), 267-285를 완역한 것이다. 이 글은 동석기 전도자가 직접 쓴 것으로 한국 그리스도의교회 초기사에 대한 1차 사료인 동시에 동석기 전도자에 대한 가장 기본적인 사료로 이용된다.

   이 글에서 역자는 새로운 역사적 사실을 몇 가지 발굴하여 각주로 정리하였다. 예를 들면 북청에 세워진 6번째와 7번째 교회 설립 시기, 대현정교회가 곧 공덕정교회라는 사실, 동석기의 글에 등장하는 Sanki Hoksei는 북청군 (이곡면) 삼곡시를 의미한다 등이다.

2. 본 글은 두 개의 글로 구성되어 있다. 하나는 "한국에서 온 편지"(Korea Bound)라는 글로서 1940년 11월 20일에 보낸 연례 선교보고서이다. 두 번째 부분은 "한국의 종교"(Religion in Korea)로서, 동석기가 월남하여 내수동 그리스도의교회를 세운 이후인 1946년 5~6월경 쓴 것이다. 그래서 두 글은 일제시대와 해방 공간의 한국 그리스도의교회 상황을 잘 보여주고 있다.

3. 동석기는 1940년 글에서 6번째 교회와 7번째 교회가 어떻게 세워지게 되었는지에 대한 상황을 보고하고 있다. 일제의 폭압 정치가 최고조에 달했던 시기 동석기 전도자의 선교 활동을 엿볼 수 있다. 또한 이 보고서를 통해 북청의 7개의 교회 중 가장 늦은 시기의 교회 2개가 1940년에 세워졌음을 알 수 있다. 이는 북청교회 설립의 정확한 날짜를 알려준다는 점에서 의미가 깊다.

해방 후 월남하여 1946년에 쓴 두 번째 글은 그리스도의교회가 설립된 동기, 1940년부터 1946년까지의 교회 상황을 설명하고 있다. 이 글의 핵심은 미국교회가 지금 선교사를 파송해야 한다는 것이다. 동석기는 "너희 눈을 들어 밭을 보라 희어져 추수하게 되었도다."(요 4:35)라는 예수님의 말씀을 인용하면서 한국의 선교 상황을 추수기로 진단하였다. 곧 지금 한국은 낫을 대어 추수를 거두어야 할 상황이다(막 4:29). 그는 다른 교파처럼 미국 그리스도의교회가 선교사를 파송하여 한국을 복음화시키는 사역에 힘을 쏟아야 한다고 주장한다. 더불어 동석기는 자신의 경제문제를 언급하면서 도움이 필요함을 시사한다. 그는 이 글에서 상황이 호전되면 바로 미국에 가고 싶다는 뜻을 밝히고 있는데 이 바람은 1949년에 이루어진다.

4. 조선시대와 일제 식민지 시대 Korea는 조선이라고 불렸다. 그래서 1945년까지의 Korea는 조선이라고 번역해야 한다. 그러나 독자들의 편의를 위해 해방 전후 모두 한국이라고 번역했다. 직역을 원칙으로 했지만 지나치게 반복되는 부분은 더 나은 한국어 표현을 위해 생략하였다.

5. 내용 중 역사적 사실과 약간 차이가 나는 부분이 있다. 그럼에도 이를 특별히 수정하지 않고 그대로 번역하였다. 이는 당시의 학문 동향이나 동석기의 지적 이해를 그대로 드러내기 위함이다.

6. 수동교회 사진과 1940년 11월 3일의 세례 사진, 대현교회(공덕정교회) 사진은 원서에 없는 것이다. 반면 그리스도의교회 위치를 보여주는 지도는 원서에 수록되어 있다.

7. 각주는 모두 번역자의 것이다. 내용이해를 위해 부가설명을 첨부하였다.

편집자의 말

동석기 형제와 어떤 연락도 거의 할 수 없는 군사적 제약에도 불구하고 많은 노력 끝에 거의 기적적으로 얻어진 아랫글을 읽을 수 있게 된 것에 독자들은 기뻐해야 한다. 미국군의 군목들은 가장 도움이 되었고 협조적이었지만 정부 자체는 비정상적인 상황 때문에 단지 엄격한 제약만을 강요받았다.

독자들에게 가능한 한 동석기 형제의 고상하고 영적인 성격을 친근하게 소개하기 위해 그의 원래 원고에 나오는 진기하고 매력적인 한국식 관용구는 필요한 경우 그대로 두었다. "한국에서 온 편지"라는 제목의 글은 사역을 소개할 목적으로 쓴 1940년 11월 20일의 보고서이다. 엄밀한 의미에서 본 글은 "한국의 종교"라는 부제로부터 시작한다는 점을 독자들은 이해할 수 있을 것이다.

한국에서 온 편지

1940년 11월 20일 한국 북청(北靑) 삼기(三岐)에서 동석기

친애하는 형제들에게

또 한 해가 가고 있으므로 나는 또 하나의 연례 보고서를 쓰고 있다. 지난 11월이래[234] 두 가지 일이 있었는데, 하나는 비통한 일이고 다른 하나는 행복하고 기쁜 일이다. 영혼을 구원하는 사역에 대해 나는 하나님께 감사드린다.

비통한 일은 지난 1월 27일에 22살인 질녀가 사망한 것이다. 그녀는 내 남동생의 딸이다. 동생은 오래전에 죽었다. 내가 그녀를 학교에 보냈다. 그녀는 한국의 이쪽 지역에서는 처음으로 고등학교를 졸업한 소녀였다. 그녀는 한국에서 처음으로 침례를 받은 그리스도인 중 한 명이었다. 그녀는 아름다운 그리스도인 소녀였다. 참으로 우리는 육체 가운데에서는 슬펐지만 그녀가 그리스도인이고, 그녀가 주님이 계시는 하늘나라에 갔다고 믿기 때문에 영적으로는 행복했다.

행복하고 즐거운 일은 우리 주님의 사역이다. 지난겨울 성경훈련반(Bible Training Class)은 최고였으며 축복받은 모임이었다. 모임에는 17명의 남자와 자신의 삼촌과 함께 온 한 명의 소녀가 있었다. 우리는 매일 일찍 새벽기도회를 가졌다. 그들 중 일부는 나지막한 산으로 가서 거기서 기도했다. 특별

---

[234] 1939년 11월 이후를 의미한다.

히 이(李) 형제가 산에서 더 자주 기도했다. 참으로 이는 하나님이 계시하시는 멋진 시간이었다. 그들 모두는 주님께 소리를 지르며 자신들의 죄악을 고백하였다. 그들은 주님께 더 충실하고 사람들에게 그리스도인의 본보기가 되기로 결심하였다. 이는 우리 주님께서 그들 심령에 자신을 드러내시고, 하나님과는 순전하며 사람들과는 정직하도록 그들의 심령을 깨끗하게 하신 참으로 위대한 멋진 사건이었다. 우리 주님께서 예루살렘 성전에 들어갔던 그때처럼 "성전에서 그들을 내쫓으시고 상을 엎으셨다." 그들은 자신들이 가지고 있던 모든 나쁜 이방적 습관, 심지어 담배까지도 포기하였다. 확실히 성경반의 모든 사람은 "새로운 피조물"이 되었다. 우리는 자신의 계시를 우리에게 드러내신 주님께 전심으로 감사했다.

나는 일본에 있는 우리의 충성스러운 선교사 중 한 명이 우리를 방문하여 우리 주님의 사역을 살펴보기를 원했다. 나는 지난봄 일본 도쿄에 있는 맥케일렙 형제와 몇 번 연락하였다.235) 그는 자신들 중 한 명이 이번 가을에 한국에 갈 것이라고 말했다. 그러나 그들은 오지 않았을 뿐만 아니라 서신도 없었다. 우리는 그들 중 한 사람이 왔을 때 세례식을 갖고 그리스도의교회를 세우려고 했었다. 그러나 나는 그들이 고국으로 돌아갈 준비를 하고 있었다고 생각한다.236) 그래서 우리는 지난 두 번의 주일에 걸쳐서 세례식을 가졌고 6번째와 7번째 그리스도의교회를 세웠다.237)

---

235) 맥케일렙은 1892년부터 35년 동안 일본에서 선교사로 일했다. 그에 대해서는 정남수 한국어판 총괄편집자, 『그리스도의교회들 운동 대사전』, 233-235를 참조하라.
236) 세계 제2차대전으로 미국과 일본의 관계가 악화되면서 선교사들이 일본을 떠나야 했던 상황을 말한다.

이달 3일에 우리는 그 새로운 장소 중 한 곳에서 14번째 세례식을 가졌다. 나는 31명의 한국인에게 세례를 주었다(남자 9명, 여자 22명). 11월 10일에는 가장 먼저 세운 교회에서 15번째 세례식을 가졌다. 나는 7명의 개종자에게 세례를 베풀

북청에서 1940년 11월 3일, 여섯 번째 교회가 세워지던 당시의 세례식이다.

었다(남자 1명, 여자 6명). 우리는 그들에 대해 주님께 참으로 감사드렸다. 우리는 "세례를 통해 그리스도와 함께 장사"되고 "아버지의 영광으로 죽은 자들 가운데서 살아나" "새 생명 가운데 행하려고" 그리스도에게 온 이들에게 세례를 주었던 작은 강둑에서의 매우 행복하고 기쁜 순간과 햇살이 아름다운 날을 누렸다. 확실히 그들은 자신들의 죄악을 씻어 버리고, 그리스도를 옷 입고 새로운 피조물이 되어 행복해하

---

237) 이를 통해 6번째 교회는 1940년 11월 3일(주일)에, 7번째 교회는 11월 10일(주일)에 세워졌음을 알 수 있다. 이에 대해서는 전인수, "한국에서의 동석기의 선교사역과 그 특징," 「복음과 교회」 제18집(2012), 245-246.

였다. 그들은 참으로 새로운 피조물이며 새로운 피조물처럼 행하고 있다.

이율호(Lee, Youl Ho) 형제는 그 새 장소에서 세례받은 이들 중 한 사람이다. 그는 그리스도와 합하여 세례받아, 죄에 대해 죽고, 다시 살아 새로운 피조물이 된 이들 중의 모범이다. 그는 술주정뱅이, 노름꾼, 골초에 병들기까지 했다. 지난 2년 동안 그는 모든 종류의 이교적인 일들을 해 보았지만 낫지 않았다. 주 그리스도께서 살아계신 하나님의 아들이시며 인간의 구주이심을 듣고 믿은 이후로 그는 어두운 병실에서 세상의 빛(Light of the world)으로 나오기 시작했다. 그가 그리스도의 이름으로 세례받자 술 취함, 노름, 흡연과 병은 사라져버렸다. 지금 그는 자신이 사는 마을에서 가장 행복한 사람이다. 그 마을에 사는 모든 사람은 그에 대해 매우 경이로워했으며 "어떻게 이 사람이 이렇게 되었나?"라고 말했다. 우리는 그에 대한 주님의 축복을 감사하였다.

한국의 종교

한국에는 다섯 가지의 종교, 즉 유교, 불교, 신도(神道), 샤머니즘, 기독교가 있다. 이 다섯 종교 중 한국에서 발생한 것은 하나도 없다.

유교

유교는 기원전 2~3세기경 중국에서 들어왔는데 거의 종교라고 말하지는 않는다. 이는 윤리적이거나 철학적인 체계이다. 그러나 유교의 원리는 조상숭배(ancestor worship)이다. 이는 한국의 국가적 종교이다. 한국인들은 조상의 영들이 자신들의 행동에 따라 축복을 준다고 믿는다. 한국인들은 만약 조상들에게 좋지 않은 일을 한다면 조상들이 자신들을 저주한다고 믿고 있다. 결론적으로 한국인들은 자신들이 아는 최상의 장소에 조상을 매장한다. 그들은 제삿날에 조상의 무덤에서 일 년에 한 번 많은 음식을 차린다. 이는 마치 하나님께 음식을 드린 구약시대의 사람들 같다. 오늘날에도 가톨릭교회 신자들은 하나님께 향을 피운다.

불교

불교는 기원전 1세기경 인도에서 들어왔다. 불교는 한때 국가종교이기도 했으며 다른 때에는 정부가 완전히 금지하고 막기도 했다. 한국의 불교는 일본과 중국 불교와는 완전히 다르다. 한국의 승려들은 결혼하여 가족을 갖지 않는다. 그들은 고기나 생선을 먹지 않으며, 도시, 소읍이나 마을에 살지 않고 산속에 산다. 이들 비구나 비구니들은 한국의 보통 가정에서 아들과 딸을 입양한다. 승려들은 다른 한국인 중에서 국가적인 권위를 갖고 있지는 못하다. 전에는 승려들만 머리를 잘 랐기 때문에 보통 한국인들과 쉽게 구분이 되었으나 지금은 모든 한국인이 머리를 자른다.[238] 한국의 승려들은 자신을 부인하는 사람들로서 가족이나 사회적 삶이 없으며, 산속에 살면서 모든 세속적 즐거움을 단절시킨다. 그들은 우리 주님의 "어떤 부자와 거지 나사로"(눅 16:19) 비유처럼 믿는다. 그들은 영혼의 환생을 믿는다.

신도

신도는 일본에서 최근에 한국으로 전해졌으며 추종자들은 대개 일본인이다. 그들은 천황이 하나님의 아들이라고 믿는다. 그것을 믿는 한국인들은 거의 없다.

샤머니즘

샤머니즘은 공식적 종교에 넣을 수 없으며 사원이나 시설도 없지만 하급의 미신으로서 신봉하는 많은 대중을 보유하고 있다. 샤머니즘의 핵심 요소는 달래고 회유하거나 쫓아내야 할 선하고 악한 영들이 편만해 있다는 것이다. 자연의 다양한 요소들에 깃든 영들은 부탁만 하면 행운과 축복을 가져다주는 선한 영들이다. 각 질병에도 영혼이 있다. 모든 이들에게 가장 치명적이면서 매우 악성인 천연두도 달래거나 쫓아내야만 한다. '도깨비'라고 부르는 심술궂은 악동이 있는데, 사람들에게 짓궂은 장난을 치고, 다소 약한 저주나 어려움을 불러온다. 땅의 영, 산과 집의 신들도 있다. 그러므로 그 신이 땅이나 산꼭대기, 마을과 집에 없는 날과 같은 특정한 때가 아니면 한국인들은 땅을 파지 못하며, 높은 산꼭대기에 올라가지 못하고, 집짓기를 시작하거나 집수리를 할 수 없다. 그렇지 않으면 한국인들은 땅을 파고, 높은 산에 오르며, 집짓기를 시작하고 집수리 허락을 받기 위해 신들에게 뇌물로 여러 종류의 음식을 바쳐야 한다. 신들이 있을 때, 혹은 음식을 드리지 않고 이런 일을 한다면 신들은 화를 내고 벌로써

---

238) 이는 일제가 중국과 아시아 여러 나라에 침략을 감행하고 조선이 전시 체제화되면서, 당시 조선인들에게 짧은 머리를 강요했던 시대적 상황을 말한다.

가족이나 마을에 어떤 병을 보낼 것이다. 샤머니즘을 믿는 대부분의 사람은 무지한 소작농이거나 한국의 하층민들이다. 이는 전적으로 한국에 있는 미신이다. 나는 미국에 흑인들의 '토끼의 발'이나[239] 숫자 '13'이[240] 있는 것처럼 모든 민족이 약간의 미신은 가지고 있다고 생각한다.

한국에 들어온 기독교

 선교역사에서 가장 흥미로운 사실 중 하나는 기독교, 즉 가톨릭과 개신교 교파 공히 외국 선교사의 직접적인 중재 없이 한국에 들어왔다는 점이다. 17세기 중엽쯤 중국의 명(明) 왕조가 망한 후에 한국의 사절이 충성의 표시로서 조공하고 청(淸)의 달력을 받아오기 위해 매년 중국을 방문하는 것은 필수적인 것이 되었다. 이 사절단의 한 사람이 중국에서 한국으로 로마 가톨릭 책들을 가져왔고, 이는 한국인 중 일부 그룹들 사이에서 관심을 불러일으켰다. 그들 중 한 사람인 이벽(李檗, 1754-1786)은 친구, 즉 북경에 가는 한 한국인 사절의 아들 이승훈(李承薰, 1756-1801)을 기독교 선교사와 연락하여 그들의 종교를 공부하도록 설득하였다. 이승훈은 그렇게 했으며 개종하여 세례를 받고 베드로란 이름을 얻었다. 한국에 돌아온 그는 이벽에게 세례를 베풀고 세례 요한이라는 이름을 주었다. 그것이 한국에서 로마 가톨릭의 시작이었다.

 이 두 명의 기독교인은 다른 개종자를 얻었고 많은 대중이 개종하여 박해가 시작되었는데 일부는 사형에 처해졌다. 그러나 선교사가 이 땅에 들어온 적이 없음에도 1795년쯤에는 4천 명의 기독교인이 한국에 있었다고 한다. 그 해에 중국인 신부가 한국에 비밀리에 들어왔고 6년 동안 만 명의 기독교

---

239) 토끼 발은 행운의 상징이다. 토끼 발은 흑인들이 가지고 다니던 부적의 하나였다. 보름달이 뜨는 날 묘지에서 잡은 토끼의 발로 만든 부적이 가장 강력한 힘을 지니고 있다고 믿었다. 흑인들이 묘지를 택한 것은 죽은 자들의 힘을 이용하기 위해서였는데 그들도 우리처럼 달에 토끼가 살고 있다고 생각하였다.
240) 13은 불행함의 상징이다. 기독교는 서구인의 미신에 영향을 미쳤다. 금요일, 특히 13일의 금요일을 불길한 날로 생각한 것은 기독교가 그들에게 미친 심리적 영향을 보여준다. 금요일은 그리스도가 대속의 십자가를 진 날이어서 그만큼 숙연했고, 이날에 무언가를 시작한다는 것은 불길하게 생각되었다. 13이라는 숫자는 12명의 제자와 예수를 합친 것이다. 배반자 유다는 이날 너무 큰일을 벌이고 말았다. Michael P. Foley, 『가톨릭 신자는 왜 금요일에 물고기를 먹는가』 이창훈 역(서울: 보누스, 2012), 211.

인을 모았다. 1801년에 그는 다른 300명의 순교자들과 함께 처형되었다.

그래서 한국은 30년 동안 신부가 없었다. 1831년 프랑스 신부가 입국하였고, 1839년 두 번째 박해가 발생하여 프랑스 주교 한 명, 신부 2명과 수많은 한국인 기독교인들이 처형되었다. 1845년 세 번째 박해가 있어 한국의 첫 번째 신부 김대건(金大建, 1821-1846)이 처형되었다. 그는 마카오에서 교육을 받고 상하이(上海)에서 신부로 임명되었었다. 이 순교자의 몸은 서울 근처 평산의 한 성당에 안치되어 있다. 기독교인에 대한 네 번째이자 가장 큰 박해가 바로 1866년 발생하였다. 한국은 그들의 피로 물들었으며, 처형된 이들 중에는 두 명의 프랑스 주교와 7명의 선교사 신부가 있었다. 한국인 기독교인들은 또다시 신부 없이 10년을 보냈다. 박해는 몇몇 신부가 중국에서 또다시 이 땅에 몰래 들어왔던 1876년쯤에 가라앉기 시작하였다. 그날 이후 로마 가톨릭은 한국에서 열심히 사역하였으며 상당한 지지층(constituency)을 형성하였다.

개신교

개신교 역시 주재 선교사의 직접적인 전도 없이 북쪽으로부터 한국에 수용되었다. 로스(John Ross)는 만주에서 활동하는 스코틀랜드 장로교 선교사였다. 그곳에서 만난 한국인들에 관심을 갖게 되면서 그는 그들의 언어를 배웠고, 신약성서를 번역하여 이를 몇몇 한국인 매서인(colporteur)의 손을 통해 한국에 보냈다. 성서의 메시지는 뿌리를 내려 훗날 선교사들이 들어왔을 때, 그들은 성경을 공부하고 기독교를 고백하는 상당히 많은 수의 한국인들을 발견하였다.

성경은 존 로스에 의해 번역되어 1875년경 한국에 유입되었다. 그러나 1884년까지 그 나라에 들어온 개신교 선교사들은 없었다. 그해 중국에 있었던 장로교 의료 선교사인 의사 알렌(H. N. Allen)은 한국으로 이동하였다. 그는 직접적인 종교적 사역을 오랫동안 지속하지는 않고 외교부에 들어갔지만 한국 최초 개신교 선교사가 되는 특별함을 지니고 있다. 그는 작은 의료 기관을 설립하여 왕비의 친척인 한 관료를 성공적으로 치료함으로써 매우 존경받는 위치를 얻었으며 바로 뒤를 이었던 다른 사역자들의 길을 예비하였다.

이때 많은 교파가 한국에 관심을 기울였다. 1885년 미국 북감리교회가 선교사를 파송하였고, 오스트레일리아 및 캐나다 장로교인들과 미국 남감리교회가 바로 뒤를 이었다. 처음 세 명의 개종자는 1886년 세례를 받았으며 1890년까지 100명의 한국인 개신교 개종자들이 있었다.

한국의 부흥

한국인들은 복음에 매우 수용적이며, 백성들의 영적인 욕구가 매우 크다는 것이 입증되었다. 해외 선교회가 잘 세워지고, 약간의 인쇄물이 출판되고, 기구가 설립되며, 건물을 세우거나 구입하였을 때, 한국인 설교자들은 그 나라의 여러 지역에서 복음전도 활동을 시작하였다. 결과는 놀라웠다. 복음은 정확히 한국인의 욕구에 맞아떨어졌고 한국 전역을 휩쓸었다. 이는 금세기 시작 바로 전에 일어났고 세계대전까지 계속되었다. "한국에서 최악의 도시"라고 불렸던 북쪽 도시 평양은 부흥운동의 중심이 되었다. 이곳에서 첫 선교사들과 개종자들이 잔인하게 박해받고, 투옥되었으며 고문받았다. 이는 1890년경 일어난 일이었다. 그리고 1895년에 단지 도시 전체에 20명의 신자가 있었으며, 그 도(道)에는 단지 73명의 신자만이 있었다. 한국인 신자들의 기도와 성경공부를 통해 부흥이 일어나서 1900년경 평양은 1,182명의 신자를 갖게 되었다.

이 부흥은 다른 도시로 확산되었다. 개종자들이 엄청나게 생겼다. 큰 사경회(Bible class)가 여러 중심지에서 성장하였다. 그 도시들의 주일학교는 참석자가 2천에서 3천 명이었다. 1907년 선천(宣川)의 한 장로교회는 여성 사경반에 660명이 등록한 반면, 남성은 사경회에 2,500명이 넘었다. 평양교회는 정규 기도 모임에 평균 1,500명이 참석한다고 보고하였다. 한

해에 선천의 기독교인 수는 6,507명에서 11,943명으로 증가하였다. 이곳에서는 지역 한국인들의 지원을 받는 15명의 한국인 전도자 모두 자신들의 모든 시간을 사역에 쏟고 있다.

현재 로마 가톨릭교회를 제외하고 9개의 교파, 즉 미국북감리회, 미국남감리회, 미북장로회, 미국남장로회, 캐나다, 오스트레일리아 장로교회, 성결교회, 구세군, 제7일 안식교가 있다. 이 교파의 해외 선교부는 2차 세계대전이 시작되기까지 한국인들 사이에서 그들 자신의 교파교회를 세우기 위해 수십만 달러와 수십에서 수백 명의 선교사를 보냈다. 그들은 한국에서 교파별로 지역을 나누었다.

나는 감리교회가 어떻게 한국에 자신들의 선교사를 보내게 되었는지 아는 것이 재미있을 거라고 생각한다. 그래서 한국에서 그리스도의교회가 어떻게 세워졌는지를 쓰기 전에 이것에 대해 쓰려고 한다. 캘리포니아에 사는 한 9살짜리 여자아이는 교회에서 한국에는 복음을 전하는 사람이 아무도 없으므로 그곳에 한 명의 기독교인도 없다는 것을 들었다. 그 아이는 집으로 돌아와서 한국인 중에 기독교인이 전혀 존재하지 않기 때문에 한국의 선교사역을 위해 9달러의 생일 용돈을 주고 싶다고 엄마에게 말했다. 그녀는 한국인들에게 복음을 전하기 위해 한국에 가고 싶었지만, 너무 어려서 선교사로 들어갈 수가 없었다. 물론 그녀의 어머니는 뉴욕시의 선교회(missionary society)에 기꺼이 그 9달러를 보냈다. 동시에 한 노인도 한국에 어떤 기독교인 설교자도 없다는 동일한 강의를 들었다. 그는 혼자 말을 했다. "나는 나이가 너무 많아서 한국인들에게 복음을 전하는 설교자로 한국에 들어갈 수가 없다. 그러나 한국에 가서 한국인들에게 복음을 전할 누군가에게 수표는 줄 수가 있어." 그래서 그는 2천 달러짜리 수표를 만들어서 한국에 선교사를 보내도록 뉴욕시의 해외 선교회에 보냈다. 그 사람의 이름은 필라델피아에 사는 걸쳐(Gulture) 박사이다.[241] 감리교 학교인 드류신학교(Drew Seminary)에 이름이 아펜젤러(Apenssella)라는 청년이 있었다.

그도 필라델피아에서 아홉 살 여자아이와 걸쳐 박사가 들었던 그 강의를 들었다. 그는 마음속으로 말했다. "누군가가 나를 보낸다면, 나는 죽음의 그늘에서 살고 있는 이 한국인들에게 예수 그리스도를 통해 구원을 얻는 우리 주의 복음을 전하기 위해 한국에 가고 싶다." 감리교 해외 선교회는 그 아홉 살 소녀의 9달러와 필라델피아의 노인 걸쳐 박사의 2천 달러 수표로 그 청년, 즉 아펜젤러를 한국인에게 복음을 전하도록 파송하였다. 그때 9살 여자아이의 9달러와 노인 걸쳐 박사의 2천 달러를 통해 예수 그리스도께서 1885년 아펜젤러와 함께 한국에 오셨다. 그래서 예수 그리스도는 "내게로 오라. 내가 너희를 쉬게 하리라." 며 한국인들을 부르기 시작하였다. 한국인들은 주님의 목소리를 들었으며 구원받기 위해 그리스도에게 나오기 시작하였다. 그 이후로 감리교회는 복음을 전하기 위해 한국에 더 많은 선교사를 파송하였으며 그래서 더 많은 한국인이 구원을 주시는 예수 그리스도의 이름을 부르게 되었다. 나는 이 이야기가 로마서 10장 11절부터 15절까지를 입증한다고 생각한다.242)

한국에 그리스도의교회를 설립하게 된 동기

무엇보다도 나는 그리스도의교회가 한국에 어떻게, 왜 설립되었는지 서술해야 한다. 이것은 나의 개인사와 다소 연결되기 때문에 먼저 나의 개인사를 서술한다.

나는 한 농가에서 태어나 14살까지 자랐다. 그리고 서울에 와서 정치가가 되려는 큰 야망을 품었다. 그런 야망으로 나는 정부에서 한자리를 얻으려고 하였다. 이는 내가 왕의 친척과 중앙정부의 요직, 그리고 나라의 유명 인사들과 사귀기 위해 많은 돈을 써야만 했음을 의미한다. 19살이 되었을 때 나는

---

241) 가우처(John Franklin Goucher) 박사를 말한다.
242) 성경에 이르되 누구든지 그를 믿는 자는 부끄러움을 당하지 아니하리라 하니 유대인이나 헬라인이나 차별이 없음이라 한 분이신 주께서 모든 사람의 주가 되사 그를 부르는 모든 사람에게 부요하시도다. 누구든지 주의 이름을 부르는 자는 구원을 받으리라. 그런즉 그들이 믿지 아니하는 이를 어찌 부르리요 듣지도 못한 이를 어찌 믿으리요 전파하는 자가 없이 어찌 들으리요. 보내심을 받지 아니하였으면 어찌 전파하리요 기록된 바 아름답도다 좋은 소식을 전하는 자들의 발이여 함과 같으니라(롬 10:11-15).

중앙정부의 첫 직임(first rank)을 차지하였다. 그때까지 아버지는 내 빚을 갚기 위해 자신의 농토를 팔아야 했다. 아버지가 자식의 빚을 갚고 자식이 아버지의 빚을 갚는 것은 한국의 관습이었다. 그때부터 아버지가 자신의 농토를 팔았다는 것을 알았기 때문에 아무도 더는 내게 돈을 빌려주지 않았다. 당시 나는 돈이 없었기 때문에 정부 내에서 활동할 수 없었고 더는 서울에 머물러 있을 수도 없었다. 사실 나는 갈 곳이 없었다. 내가 고향에 돌아갔다면 틀림없이 소작농이 되었을 것이다. 나는 농토를 소작하기는 싫었다. 이즈음 이민자로서 하와이에 갈 기회가 있어서 23살이었던 나는 1903년에 하와이에 왔다. 나는 사탕수수 농장에서 9개월 있었으며 그곳에서 그리스도인이 되기 시작하였다. 나는 나의 모든 나쁜 습관, 곧 흡연, 음주, 노름, 그리고 그 외의 습관들을 버렸다. 그것들을 그만둔다는 것은 매우 힘든 일이었다. 고향에 있을 때 나는 복음을 전하는 누구의 목소리도 듣지 못했다. 나는 미국에 가기 위해 하와이를 떠나기 직전 감리교 설교자인 워터만(Waterman) 박사에게 물로 세례를 받았다. 물론 나는 진정한 세례에 대해 전혀 모르고 있었다. 또한 나는 하늘나라(Heaven)를 믿지 않았다. 오직 나는 깨끗하고 선한 도덕적인 사람이 되기 원했다. 나는 샌프란시스코에 있었는데 그때 지진이 나고 화재가 발생했다. 그때 나는 실제로 회심하였으며 성경이 말하는 것을 믿게 되었다. 그러나 성경의 진리를 완전히 알지는 못했다. 나는 감리교 학교인 노스웨스턴대학교에 다니기 위해 일리노이주의 에번스턴에 왔다. 그 대학에서 나는 오직 감리교주의(Methodism)만을 배웠다. 개럿신학교에서 B. D 학위로 졸업장을 받은 후에 나는 1913년 감리교회 설교자로서 한국에 돌아왔다. 나는 14년 동안 그리스도의 복음 대신에 감리교주의를 전했다.

　1927년 나는 미국으로 돌아갔는데 그곳에는 뜻하지 않게 신시네티신학교가 있었다. 그러나 나는 이를 나를 향한 우리 주님의 섭리였다고 믿고 있다. 나는 1928년 가을 신시네티신학교에 들어갔다. 나는 그곳에 들어가서 대학원 과정을 공부하게 된 것에 대해 우리 주님께 매우 감사하고 있다. 첫 학년은 신학교가 제시하는 몇 가지 가르침 때문에 교수들이나 학생들과 논쟁하느라 힘든 시간을 보냈다. 마침내 나는 모든 교회가 인간이 만든 신조 위에서가 아닌 신약성서의 기초 위에 세워져야만 한다, 즉 "성경이 말하는 곳을 우리가 말해야 하고 성경이 침묵하는 곳에서 우리도 침묵해야 한다(Where the Bible speaks, we speaks; where the Bible is silent, we are silent)."고 확신하게 되었다. 그러나 학교를 마칠 때까지 나는 한국에 그리스도의교회 선교사가 되어야 한다고는 전혀 생각하지 않았다. 이 신학교는 우리 주님을 예배하는 데 있어 악기에 대해 어떠한 것도 이야기하지 않았다. 신시네티신학교 교수들과 다른 그리스도의교회 친구들의 권유에 따라 나는 신약성서의 양식(pattern)에 따라 그리스도의교회를 세우기 위해 독립선교사로 한국에 돌아가기로 하였다. 앨라배마의 몽고메리에 가서 톰슨(T. B. Thompson) 형제·자매와 덱커(F. A. Decker) 형제를 만나기 전에 나는 주님을 예배하는 데 있어서의 악기 문제를 전혀 생각해 보지 못했다. 이를 알게 된 것은 내 마음에 새로운 일이었다. 책과 팸플릿을 주면서 그들은 내가 그 문제를 연구할 수 있도록 도왔지만 나는 테네시의 내슈빌에 갈 때까지 이를 포기해야 한다고 느끼지 못했다. 톰슨 형제의 권유로 나는 내슈빌로 갔으며 콜훈(L. H. Colhoun)과 브르어(C. R. Brewer) 형제의 설교를 통해 신약성서 교리에 관해 더 많은 것을 배울 수 있었다. 결국 나는 주님께 드리는 예배에서 악기를 포기하였다. 그때 나는 순전한 마음으로 영과 진리로 주님을 예배하기 위해 신약성서가 말하지 않는 모든 것을 완전히 포기하였다. 그리고 나는 한국인에게 예수 그리스도를 전파하고 그리스도의교회를 세우기 위해 한국에 나를 보내는 누군가가 있다면 귀국하기로 결심하였다.

한국의 그리스도의교회

나는 한국인들에게 그리스도의 복음만을 전하고, 한국에 그리스도의교회를 세우기 위해서 테네시주 내슈빌에 있는 웨이벌리-벨몬트 그리스도의교회와 12번가 그리스도의교회(12th Avenue Church of Christ), 앨라배마의 몽고메리에 있는 카토마로(路) 그리스도의교회(Catoma Street Church of Christ)와 나를 개인적으로 파송했던 다른 그리스도의교회들과 친구들에 대해 우리 주님께 감사를 드린다. 그래서 나는 그들의 도움으로 한국에 돌아가기 위한 충분한 돈을 가지고 있었다. 나의 주님은 내 입술로 "내게로 오라. 내가 너희를 쉬게 하리라."고 한국인을 초청하고 "이 반석 위에 내 교회를 세우리라"고 말할 수 있도록 나와 함께 해 주셨다.

나는 1930년 10월 18일 캘리포니아의 샌프란시스코에서 배를 타고 11월 8일 집에 도착하였다. 내가 예수 그리스도의 복음만을 전하기 시작했던 다음 날 미국 캘리포니아의 롱비치 뉴포트가(街) 758번지에 사는 여러분의 친구 중의 한 사람인 우드슨(Mary E. Woodson) 부인으로부터 편지를 받았다. 편지는 "우리는 당신이 설교하는 일요일을 얼마나 즐거워했는지 당신에게 말하지 못했습니다. 나는 당신이 하나님의 말씀에 따라 당신의 사람들을 하나님께로 이끄는 위치에 있었기 … 때문에 마음속 깊이 여러 번 하나님께 감사했습니다. 나는 나의 기도와 마무리 인사와 함께 당신에게 수표(10달러)를 동봉합니다. 하나님께서 당신을 축복하시고 인도하시고, 충성스럽게 일하고 하나님께 영광과 찬양을 드리는 당신을 이끄시기를 … 소망합니다."라는 내용이었다. 그녀는 일본에 있는 맥케일렙 형제에게 보내도록 또 다른 10달러짜리 수표를 보냈다. 나는 한국인들을 위해 우리 주님의 일을 하는 나를 크게 격려하는 그녀의 신앙심 깊고 유익한 편지에 대해 참으로 우리 주님께 감사를 드렸다.

우리 주님의 축복과 미국에 있는 친구 여러분들의 기도로 나는 3주 연속으로 나의 고향에 있는 한국인들에게 우리 주님의 복음을 진심으로 전하였다. 나는 처음 나의 가장 소중하고 가까운 이들이 "진리를 알지니 진리가 (그들을) 자유케 하는" 그 진리를 보여줄 수 있도록 최선을 다하였다. 그 결과는 다름 아닌 사람들, 혹은 인간이 만든 규칙을 높이는 것 대신 주님이신 그리스도와 신앙(faith) 및 실천(practice)의 완전한 규범으로서 성경을 높이기를 원하는 20명의 한국인이었다.

그러므로 11월 29일, 한국 그 지역의 매우 추운 날씨 때문에 얼어붙은 강에서 나는 우리 주의 이름으로 20명의 한국인(남자 10명, 여자 10명)에게 세례를 주었다. 그들 중 7명은 장로교회에서 왔으며, 한 명(나의 아내)은 감리교회에서 왔고, 나머지 12명은 새로운 개종자들이었다. 세례식이 강둑에서 시행되기는 이 지역에서는 처음이었다. 세례식을 보려는 많은 이들이 있었다. 그들 중 일부는 "어떻게 얼음물에서 목욕을 할 수 있단 말이요? 만약 그렇게 한다면 아프거나 반드시 죽게 될 것이요."라고 말했다. 그들 중 한 명도 아프거나 죽지 않은 것에 대해 주님께 감사한다. "예수 그리스도 안에서 세례받은 이들은 아버지의 영광을 통해 죽은 자 가운데서 살아나신 그리스도처럼 그의 죽음 안에서 세례받은 것이다. 그래서 (그들은) 새 생명 가운데서 행할 것이다."라며 그들은 모두 건강했고 행복해했다. 참으로 그들은 "죽은 자 가운데서 그리스도를 일으키신 하나님 안에서 그리스도와 함께 장사되었다."

그 후 우리는 만찬식을 가지려고 우리가 모임을 갖고 있었던 곳에 왔다. 우리는 은 접시로 된 매우 좋은 만찬 세트를 가지고 있었다. 그것은 테네시주의 내슈빌에 있는 12번가 그리스도의교회가 나에게 준 것이다. 나는 한국에 도착한 직후 만찬 세트를 사용할 것이라고 나에 대해 확신을 가져주었던 12번가 교회 교우들에게 감사한다. 설교와 만찬식 후에 우리는 세 명의 집사와 한 명의 회계, 그리고 네 명의 주일학교 교사를 선출하였다. 이 중에는 소녀반 교사로 선출된 여자 한 명이 있었다.243) 이는 신약성서의 양식에 기초하여 한국에 처음으로 그리스도의교회를 세운 첫 번째 사건이었다. 비록 일본의 커닝햄이 서울에 세운 그리스도의교회가 하나 있지만 한국에서의 진정한 그리스도의교회는 1930년 11월 29일에 세워졌다. 커닝햄은 우리 주님을 예배할 때 악기를 사용하는 진보적인 형제들 출신의 독립선교사이다. 나는 아래의 증거들이 이를 그리스도의교회라고 부르기에 충분한 것이라고 생각한다.

1. 이는 오직 침례 받은 그리스도인들만이 있다.
2. 이는 신약성서에 따라 장로들과 집사들이 있다.
3. 이는 매 주일 만찬식이 있다.
4. 이는 매 주일 설교가 있다.
5. 이는 매 주일 성경공부가 있다.
6. 이는 악기가 없다.
7. 이는 유아세례가 없다.
8. 이는 조직이 없다.
9. 이는 약식세례가 없다.
10. 이는 인간이 만든 규범이 없다.

두 번째 그리스도의교회는 일본 동경의 맥케일렙 형제가 나를 방문해 이곳에서 우리 주님의 사역을 도왔던 1931년 5월 22일에 설립되었다. 맥케일렙 형제와 나는 새로운 장소 중 한 곳으로 가서 강둑에서 세례식을 가져 31명의 한국인(여자 6명, 남자 25명)에게 세례를 주었다. 햇살이 아름답게 비추고, 여러 마을에서 온 강둑 위에 있는 사람들과 세례식을 보기 위해 온 길가에 있는 사람들(그 간선도로가 가까이 있었기 때

---

243) 미국교회 주일학교에 대해서는 강명석. "미국교회 측면관(3)." 『강명석 선집』. 201.

문에) 등 많은 한국인 군중들의 모습이 멋졌다. 네 명의 장로교 신자들이 있었는데 그들 중 한 명은 장로였으며, 다른 27명은 새로운 개종자들이었다. 그들 중 한 사람은 그곳에서 약 10마일 거리에 사는 내 조카였다. 나는 그 토요일에 그곳에 가서 그에게 구원과 이를 어떻게 얻을 수 있는지에 대해 이야기하였다. 다음날 그는 죄악을 사해주는 세례를 받기 위해서 왔다.244)

수동교회는 동석기가 북청에 세운 네 번째 교회였다.
사진의 모습은 예배당을 건축한 후 기념 촬영을 한 것이다.
동석기는 이 사진을 1937년 스위니(W. R. Swinney) 형제에게 보냈는데,
훗날 미국 메디나(Medina)에서 설교할 때 사진을 돌려받았다.

이런 식으로 세 번째, 네 번째 그리스도의교회가 함경도 남쪽의 북청군에 세워졌다. 이 함경도는 캐나다 장로회 선교부에 속해 있었다. 이 사람들 모두는 그 장로교회를 유일한 기독교회로 알고 있었다. 그러나 이 지방에 있는 대부분 사람들은 지금 그리스도의교회가 기독교회의 진정한 이름이라는 것을 이해하였다는 점에 나는 기쁘다. 한국의 모든 사람이 그리

---

244) 1931년 5월 22일은 금요일이다. 그러나 본문에 의하면 토요일에 조카를 만났고 그 다음날 세례를 받았다고 한다. 그렇다면 일요일에 두 번째 교회가 세워졌음을 배제할 수 없다. 그러나 그럴 경우 그 주일이 반드시 5월 24일이라고 단언할 수는 없다.

스도의교회가 기독교회에 대한 진정한 교회임을 알게 될 것이며, 반드시 그렇게 될 것을 믿는다. 이 지방에는 7개의 그리스도의교회가 설립되어 있다. 지도 안에서 이를 볼 수 있다. 그러나 나는 공산주의자들이 그 교회에서 온갖 종류의 어려움을 이야기시켰다고 말하게 되어 매우 유감이다. 함경도가 러시아 군대가 점령하고 있는 북위 38도선 북쪽에 있으므로 몇 교회는 주일마다 예배를 드리지 못하고 있다. 나는 38선이 머지않아 사라지기를 소망한다.

38도선 북쪽에 있는 교회들은 지금 매우 어려운 시기를 보내고 있다. 많은 교파교회 설교자들과 기독교인들이 투옥되었다. 나는 러시아 군대가 한반도 북부를 점령하기 전에 고향을 떠났다. 내가 거기에 있었다면 설교자이자 미국에 있었기 때문에 투옥되었을 것이라고 확신한다. 나는 지난 9월 서울에 왔고 서울에 그리스도의교회를 하나 세웠다. 나는 서울에 그리스도의교회를 세울 기회를 갖게 되어서 기쁘다. 사실 나는 한국에서 사역을 시작할 때 서울에 그리스도의교회를 세울 계획을 가지고 있었다. 그러나 나는 내 고향과 내 자신이 속한 지방에 먼저 진리를 전하기를 원했다.

우리는 지금 서울에 두 곳의 그리스도의교회를 갖고 있다. 하나는 몇 년 전에 강문석 형제가 세웠다. 내가 1935년 테네시의 내슈빌에 있을 때 그도 거기에 있었다. 당시 내가 테네시의 내슈빌 소재 웨이벌리-벨몬트 그리스도의교회에서 주일 아침 예배의 설교를 하고 있었을 때 강문석 형제가 그곳에 있었으며, 그리스도의교회에 대해 흥미를 갖

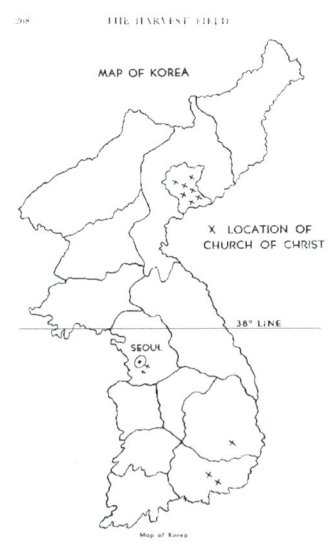

× 그리스도의교회 위치

고 있었고 그날 밤 그곳에서 장로 중 한 명에게 세례를 받았다.245) 그 직후 바로 그는 1935년 내슈빌의 밴더빌트대학교(Vanderbilt University)를 졸업하였다. 그때 그는 감리교회 설교자가 아닌 그리스도의교회 설교자가 되기를 원하였다. 그래서 나와 내슈빌에 있는 교우들은 진리를 완전하게 알고 형제들과 더 친해지기 위해 그리스도의교회 대학 중 한 곳에 가라고 권유하였다. 그는 프리드-하드먼대학에서 일 년을 있었고, 1936년 한국으로 돌아갔다. 강문석 형제는 한국에 있는 그리스도의교회에 의해 복음을 전하고 한국 전역에서 그리스도의교회를 세울 수 있는 허가를 1937년 공식적으로 받았다. 그는 사역을 잘했다. 그러나 나는 1940년에 그가 자신의 영원한 집으로 갔다는 사실에 매우 슬프다. 백(Back) 형제가 지금 강문석 형제의 사역지에 있다. 강문석 형제는 한국의 남쪽 지역에 몇 개의 그리스도의교회를 세웠다. 그러나 그 교회들은 매우 약하고, 강문석 형제가 사망한 이후 일부 교회는 주일에 예배를 드리지 못하고 있다. 만약 강문석 형제가 계속 사역을 했다면 좋은 결과가 있었을 것이라고 나는 확신한다. 그가 떠나버려서 나는 매우 유감이다.

현재 상황

일본과 중국 사이에 전쟁이 시작된 이래로 교회가 일본의 가장 압제적인 정부로부터 많은 고통을 당했다는 것은 사실이다. 그러나 한국의 해방이라는 위대한 사건이 올 때까지 한국 기독교인들은 오랜 인내심을 가지고 있었다. 우리 한국인이 미국인 친구들의 사랑과 헌신으로 일본의 압제에서 해방되었다는 점은 참으로 멋진 일이다. 모든 한국인은 미국인들에게 감사하고 있다. 공산주의자들조차도 세계대전의 승리는 미국 기독교 국가의 힘에서 온 것이라고 믿는다. 나는 우리 한국인들이 동양의 기독교 국가가 되기 위해 여러분 미국인

---

245) 강문석은 1935년 6월 15일(토) 내슈빌의 웨이벌리-벨몬트 그리스도의교회에서 립스콤(G. Q. Lipscome)에게서 침례를 받았다. 곧 동석기가 강문석과 얼굴을 마주한 때가 이즈음이다.

들의 뒤를 따를 것이라고 믿는다. 나는 하나님이 미래에 강한 기독교 국가가 되도록 우리를 축복하실 것이라고 믿는다. 공산주의 지도자들을 제외하고 지금 한국의 국가 지도자들은 기독교인들이다. 미군의 고관과 대부분의 장교는 좋은 기독교인들이다. 그들은 한국이 동양의 기독교 국가가 되도록 돕고 있다. 만약 아시아에 기독교 국가가 생긴다면, 나는 한국이 첫 기독교 국가가 될 것이라고 확신한다. 여러분도 알다시피 한국인은 매우 종교적이다. 물론 이는 다소 시간이 걸리겠지만 나는 이것이 20세기 후반부보다 더 오래 걸리지 않을 거라고 기대한다.

 나는 한국에서 위대한 선교사역을 해야 할 때라고 확신한다. 한국 해방이라는 위대한 사건은 여러 방면에서 새로운 국가적인 활동을 야기하였다. 특히 나는 종교적인 사람으로서 이는 우리 주님의 사역을 활발하게 할 수 있는 위대한 때이다. 한국인들에게 정치는 새로운 것이며 정치권에서 야망을 가진 사람들에게 큰 특권이기 때문에 대부분의 한국인은 정치계에서 활동하고 있다. 나는 우리가 기독교의 기초 위에 우리 독립을 세워야만 한다고 믿는다. 그래서 우리는 미국으로부터 더 많은 선교사가 필요하다. 여러분도 알다시피 미국의 교파교회들은 2차 세계대전까지 한국에 수백 명의 선교사를 파송하였다. 나는 전쟁 전에 이곳에 있었던 그들이 한국에 다시 돌아올 것이라고 믿고 있다. 그들 중 일부는 한국에서 우리 주님의 사역을 하기 위해 이미 돌아왔다. 물론 그들 중 일부는 군정(軍政)의 일을 하고 있다. 그러나 그들은 간접적으로 선교사역을 돕고 있다. 여러분도 알다시피 우리는 그리스도의교회 출신의 미국인 선교사들이 없다. 지금 우리는 가능한 많은 그리스도의교회를 위한 선교사들을 갖기 원한다. 전에는 잔인한 일본 정부가 선교사들을 압제했지만 [이제는] 선교사역에 완전한 자유함을 갖게 될 것이기 때문에, 만약 친구 여러분이 지금 한국에 선교사를 보낸다면 그들은 한국 해방 전의 선교사들보다 훨씬 많은 열매를 맺을 것이다.

미국 선교사들의 한국 생활비에 관해 말한다면, 그들이 대략 미국의 보통 사람이 갖는 만큼의 동일한 액수를 가진다면 그들에게 편안한 삶이 될 것이다. 물론 이는 가족이 얼마나 많고, 적은지에 달려 있다. 나는 미국 선교사들은 한 달에 대략 250~300달러 정도, 고등교육을 받은 한국인들은 한 달에 150~200달러 정도가 들 것이라고 생각한다. 미국에서와 마찬가지로 한국에서도 고등교육을 받은 사람들은 생활비가 높다. 교육을 별로 받지 못한 이들은 생활비가 낮다. 지금 한국은 모든 것이 비싸다. 사과 하나는 25엔(円)이며, 3~5전(錢)이던 달걀 하나는 3~5엔이다[미국 돈으로 환전했을 때 보통 엔은 50센트이며 전은 1/2센트이다]. 확실히 월급으로 사는 사람에게는 매우 힘든 시기이지만, 나는 선교사들이 한 달에 300달러나 그보다 조금 더 가지고 있다면 괜찮으리라 생각한다.

내가 세웠던 그리스도의교회들은 시골 면 지역에 있었다. 그래서 그것들은 작은 교회였다. 잔인한 일본의 압력에 의해 전쟁 기간 일부는 자신들의 이교적인 위치로 되돌아갔다. 나는 그들에 대해 매우 유감이다. 나는 그들이 다시 우리 주님께로 돌아와 그들의 마음에 평화와 기쁨을 소유하기를 소망한다. 그 교회에 있었던 그리스도인들은 박해를 극복할 수 있는 참된 신앙이 있었다. 나는 그들 때문에 주님께 감사한다. 일본 정부는 모든 교파교회가 하나의 일본 기독교회가 되도록 강요하였다. 즉 이는 기독교인들이 천황을 먼저 섬겨야만 한다는 것이다. 우리 그리스도의교회는 그들과 행동을 같이하지 않았다. 우리는 그럼에도 우리 주님을 섬겼다. 모든 그리스도의교회가 매 주일 예배를 드렸다. 그러나 세 번째 그리스도의교회는 주일에 교회 예배를 중단하였다. 이는 그곳의 그리스도인들이 일본의 악랄한 박해를 극복할 만큼 충분히 강한 믿음을 가지지 못했기 때문이다. 나는 죄된 한국인들을 위해 다시 그리스도의교회가 생기기를 소망한다. 러시아군이 점령하였고 북한의 공산주의자들이 온갖 종류의 어려움을 일으키고 있으므로 북위 38도 이북의 교회들은 지금 매우 힘든 시기를 보내고 있다. 나는 그곳에 우리 주님의 사역을 하기 위해 고향으로 가기를 원한다. 그러나 내가 그곳에 간다면 공산주의자들이 나를 감옥에 가둘 것이다. 왜냐하면 나는 설교자이며 전에 미국에 있었기 때문이다. 나는 38도선이 무너져 내릴 때까지는 집에 돌아갈 수 없다. 나는 바로 이것이 무너지기를 소망한다. 당신들도 알다시피 사람이 두 동강 나듯이 38도선으로 한국은 두 동강이 났다. 나는 고향으로 돌아가 그리스도의교회를 방문하고 연약한 그리스도인들이 신앙 안에서 강해지도록 돕고, 우리 주님의 은혜로 구원받을 새로운 개종자를 교회로 불러오기를 간절히 소망하고 있다. 나는 그곳의 그리스도인들이 내가 오기를 원하고 있음을 알고 있다. 그러나 현재 상황으로 지금은 갈 수가 없다. 5번째 교회의 집사 중 한 명인 이형제가 공산주의자들에게 맞아 병원에 있다. 공산주의자들이 그가 너무 충성스럽고 우리 주님의 사역에 너무 활동적이라고 한 것을 보아 그는 그리스도의교회에서 최고이자 충실한 그리스도인 중 한 명이다.

한국 그리스도의교회에 관해 내가 지난번 보고한 이후로 ("Korea Bound" 1940년 11월 20일) 우리는 수서리에 7번째 교회 건물을 지었다. 이봉산 형제는 수서리에서 우리 성경반에 왔던 첫 번째 청년이었다. 그는 한때 성결교회 신자였지만, 약 4년 동안 타락자로 있었다. 성경훈련반을 통해 그는 마음 안에 참된 진리를 갖게 되었다. 그때 그는 자신이 사는 지역 사람들에게 모든 영역에서 단지 말로만이 아닌 행동으로 설교하기 시작하였다. 그들은 그의 삶과 행동에서 차이점을 발견하기 시작하였다. 그래서 한 사람이 그리스도인 되기를 원했고 다른 이들도 마찬가지였다. 이런 식으로 그들은 기도 모임을 갖기 시작했다. 물론 나는 그들을 도울 수 있는 만큼 자주 그곳에 갔다. 여러분은 나의 지난 보고서에서 여러분에게 말했던 것, 즉 개인 주택이 우리에게 너무 좁았기 때문에 세례식 후에 우리가 그 교회 건물을 짓기 위해 135달러를 모금했다는 것을 기억할 것이다. 지금 우리는 그곳에 새로운 멋진 교회 건물을 가지고 있다. 가난한 그리스도인들이 그 일을 매우 열심히 하였다. 그들은 자신들이 할 수 있는 만큼 헌금하였다. 여자들은 돈이 없었기 때문에 식사마다 밥을 짓기 전에 한 숟가락의 쌀을 가족 수 만큼 취해 그것을 모았다가 일주일에 한 번 건축 기금으로 교회에 가져왔다. 작지만 그들은 꿀벌이나 개미가 하듯이 이를 계속하였다. 마침내 우리는 교회 건물을 짓는 데 성공하였다. 물론 나도 모든 목재, 타일과 창문을 제공함으로써 그들을 도왔다. 매우 멋지고 보기에 좋은 교회 건물이었다. 그리스도인들은 새로운 건물에서 주님을 예배하게 되어 매우 기뻤다. 나는 친구 여러분 몇몇이 한국에 와 나를 방문하고 이 멋진 작은 교회에서 우리 주님을 예배하기를 바란다.

우리는 우리와 함께 우리 주님을 예배하기 위해 왔던 미국인 형제들이 있었던 것에 매우 행복했다. 앨라배마 버밍햄의 브라이언(N. S. Bryan) 중위와 오하이오 캔튼(Canton)의 마이어스(Ralph Myers) 형제가 우리와 함께 주님을 예배하기 위해 가장 먼저 왔다. 테네시의 모리스타운의 크라우취(C. E. Crouch) 중위가 스타일스(J. H. Stiles), 야버러(S. Yarbrough)라는 두 형제와 함께 우리와 같이 주를 예배하기 위해 왔다. 그들에게 군목이나 아름다운 음악이 있는 좋은 영어 설교 서비스가 제공되는 매우 편리한 미국교회가 있음에도 불구하고 나는 모든 면에서 불편한, 특히 우리의 언어를 이해할 수 없음에도 그들이 우리 교회에 와 준 것에 대해 주님께 감사한다. 브라이언 형제와 마이어스 형제는 보통 한 번은 내수정 그리스도의교회에 가고, 한 번은 공덕정 그리스도의교회에 갔다. 이런 식으로 그들은 우리를 동등하게 도왔다. 크라우취 형제와 다른 형제들도 얼마간 우리를 돕기 위해 동일하게 했다. 나는 그들이 한국에 와서 우리와 함께 우리 주님을 예배한다는 것은 멋진 일이라고 생각한다. 브라이언 형제는 버밍햄에 있는 그리스도의교회에서 회계를 맡았으며 강문석 형제를 위해 몇 번 수표를 만들었다고 말했다. 공덕정교회는 강명석 형제가 설립하였고, 그 건물도 그가 구입하였다. 미국 교우들이 강문석 형제를 한국에 파송하지 않고, 교회를 세우도록 돕지 않았다면 서울에 공덕정 그리스도의교회는 없었을 것이라는 점은 사실이라고 나는 확신한다.246) 또한 서울에 내수정 그리스도의교회와 공덕정 그리스도의교회가 없었다면 군인 형제들이 진리로 우리 주님을 예배하고 만찬식을 갖기 위해 한국의 서울에서 그리스도의교회를 찾을 수 없었을 것이라는 점도 사실이다. 그 형제들은 지금 미국에 있다. 나는 며칠 전 크라우취 형제로부터 편지를 받았는데, 그는 한국에서 한국인을 위한 우리 주님의 사역을 도우려 한다고 말했다.

강문석이 세운 대현교회이다. 이 교회는 당시 공덕정에 있었기 때문에 이 교회가 공덕정교회라고 생각된다. 사진은 1937년 11월 7일 예배에 참석한 이들과 기념 촬영을 한 것이며 가장 오른쪽 인물이 강문석이다.

나는 내 가족에 대해 조금 이야기해야겠다. 우리 딸 양순은 25살인데 애빌린기독대학에 갈 계획을 갖고 있다. 그는 1943년에 한국의 서울에 있는 이화여전을 마쳤으며 1944년 결혼하였다. 지금 그녀는 사내아이 하나를 키우고 있다. 그녀의 남편은 공립학교에서 선생님으로 있다. 그녀 또한 그 학교에서 가르친다. 그래서 그들은 자기들의 생활은 꾸려가고 있다. 23살인 우리의 장남 충모(1923-1981)는 작년에 신학교를 마쳤

---

246) 김세복에 의하면 공덕정교회는 처음 감리교회였던 대현정 예배당 건물을 1937년 10월 30일 강명석이 매입하여 시작되었다고 한다. 김세복,『한국 그리스도의교회 교회사(1930-1968)』, 51, 54. 김세복의 추정은 대현정교회 1주년 사진에 의한 것인데 그는 연도만 일년으로 소급하고 날짜는 1주년 그대로 사용하여 교회 설립일에 문제가 발생하였다. 1937년 10월 31일(일)이 정확한 설립일로 보인다.

다. 그는 나의 교회사역을 돕고 있다. 그 역시 작년에 결혼하여 사내아이가 한 명 있다. 그래서 나는 지금 3명의 손주가 있다. 지금 우리는 대가족이며 가족에 대한 나의 의무는 매우 무겁다. 그래서 내 머리가 매우 희었다.

5월 19일에 나는 8명의 새로운 개종자들(남자 5명, 여자 3명)에게 세례를 주었다. 그들 중 한 명은 내 사위다. 이는 서울에서 나의 첫 세례식이다. 나는 우리 주님이 그들 모두를 구원하기를 소망한다. 지금 우리 내수정교회에는 15명의 세례교인이 있다. 우리는 내수정 그리스도의교회에서 곧 세례식을 다시 한번 가질 것이다. 이 교회는 신자 수에서, 우리 주님의 지혜 안에서 성장하고 있다. 나는 이 교회가 미래 언젠가 한국에서 가장 강하고 가장 좋은 교회가 될 것이라고 믿는다.

나는 민간인 수송이 열리면 바로 형제 여러분을 방문하고, 한국에서의 우리 주님의 사역을 보고하며, 우리 주님의 사역에서 필요한 것들을 말하기 위해 미국에 다시 가고 싶다. 나는 형제 여러분도 한국 그리스도의교회 상황을 듣기 위해 나를 "대면하기" 원한다고 확신한다.

마지막으로 나는 우리가 가능한 한 빨리 미국 선교사들을 갖기 원한다고 말하고 싶다. 우리는 그들이 정말 필요하다. 형제들이여 가장 필요한 밭에 당신의 선교사들을 보내어 주시오. 참으로 한국은 이미 곡식이 무르익어 추수할 때이다.
잘 지내길 바랍니다.

그리스도 안에서 여러분의 형제
동석기

참고문헌

Ahlstrom, Sydney E. *A Religious History of the American People*. New Heaven: Yale University Press, 1972.
Allen, C. Leonard and Richard T. Hughes. 『환원운동의 뿌리』. 백종구·서요한 역. 서울: 쿰란, 2010.
Allen, C. Leonard. 『부어주심: 하나님의 선교에 능력을 부여하시는 성령』. 정남수 역. 서울: 쿰란, 2020.
Bebbington, D. W. 『복음주의 전성기』. 채천석 역. 서울: CLC, 2012.
Campbell, Thomas and Barton Stone, Alexander Campbell. 『환원운동의 3대 문서』. 기준서 역. 서울: 그리스도대학교 출판국, 2002.
Eds. Brewer, Charles R. *Missionary Pictorial*. Nashville: World Vision Publishing Company, 1968.
Eds. Foster, Douglas A. 외. *The Encyclopedia of The Stone-Campbell Movement*. Grand Rapids: Eerdmans, 2004.
Eds. Newell, Williams D. and Douglas A Foster, Paul M Blowers. *The Stone-Campbell Movement: A Global History*. St. Louis: Chalice Press, 2013.
Eds. Rouse, Ruth and Stephen Neil. *A History of the Ecumenical Movement Vol. 1: 1517-1948*. Geneva: WCC Publications, 2004.
Eds. Schug, Howard L. and Jesse P. Sewell. *The Harvest Field*. Athens: Bible School Bookstore, 1947.
Eds. Willam R. Baker. *Evangelicalism & the Stone-Campbell Movement II*. Abilene: ACU Press, 2006.
Eds. Williams, D. Newell 외. *The Stone-Campbell Movement: A Global History*. St. Louis: Chalice Press, 2013.
Ferguson, Everett. 『성서적 교회론: 그리스도의교회』. 기준서 역. 서울: 환원역사연구소, 2010.

Foley, Michael P. 『가톨릭 신자는 왜 금요일에 물고기를 먹는가』. 이창훈 역. 서울: 보누스, 2012.
Foster, Douglas A. 『한 시간에 독파하는 환원운동사 이야기』. 전인수 역. 서울: 쿰란, 2015.
Foster, Douglas A. *A Life of Alexander Campbell.* Grand Rapids: Eerdmans, 2020.
Foster, Douglas A. *Will the cycle be unbroken: Churches of Christ face the 21st century.* Abilene: ACU Press, 1994.
Gentry Jr, Kenneth L. 외 2인. 『천년왕국이란 무엇인가: 천년왕국에 대한 세 가지 관점』. 박승민 역. 서울: 부흥과개혁사, 2011.
Goolsby, David. "KCC 농장의 현상과 장래."「참빛」(1969. 3), 22-23.
Gorman, James L. *Among the early evangelicals: the transatlantic origins of the Stone-Campbell Movement.* Abilene: ACU Press, 2017.
Hines, Michael W. *History of the American Restoration Movement.* Sun City: CreateSpace Independent Publishing Platform, 2016.
Holloway, Gary and Douglas A. Foster. 『하나님의 백성을 새롭게: '그리스도의교회들'의 역사』. 백종구 역. 서울: 쿰란출판사, 2011.
Holloway, Gary and Douglas A. Foster. *Renewing God's People: A Concise History of Churches of Christ.* Abilene: ACU Press, 2006.
Holloway, Richard. 『세계종교의 역사』. 이용주 역. 서울: 소소의책, 2018.
Kinder, Donald M. *Capturing Head & Heart: The Lives of Early Popular Stone-Campbell Movement Leaders.* Abilene: Leafwood, 2012.
Kinder, Donald M. *History of the Restoration Movement* (강의 노트, 2014)

Larsen, Timothy 편집. 『복음주의 인물사』. 이재근·송훈 역. 서울: CLC, 2018.
McGrath, Alister E. 『기독교, 그 위험한 사상의 역사』. 박규태 역. 서울: 국제제자훈련원, 2009.
McGrath, Alister E. 『기독교의 역사』. 박규태 역. 서울: 포이에마, 2016.
Noll, Mark A. 『미국 캐나다 기독교 역사』 최재건 역. 서울: CLC, 2005.
Noll, Mark A. 『복음주의 발흥』. 한성진 역. 서울: CLC, 2012
Noll, Mark A. 『복음주의 지성의 스캔들』. 박세혁 역. 서울: IVP, 2010.
Noll, Mark A. *The old religion in a new world*. Grand Rapids: Eerdmans, 2002.
North, James B. *Union in Truth: An interpretive History of the Restoration Movement*. Cincinati: The Standard Publishing Company, 1994.
Placher, William C. 『기독교신학사』. 박경수 역. 서울: 크리스챤다이제스트, 1994.
Stark, Rodney and Roger Finke. 『미국 종교시장에서의 승자와 패자: 1776-2005』. 김태식 역. 서울: 서로사랑, 2009.
Toulouse, Mark G. 외, *Renewing Christian Unity: A Concise History of the Christian Church(Disciples of Christ)*. Abilene: ACU, 2011.
Tristano, Richard. 『환원운동의 역사와 근원: 역사 비평적인 관점에서』. 서울: 환원역사연구소, 2011.
Helsabeck Jr, W. Dennis 외. *Renewal for mission: A concise history of Christian Churches and Churches of Christ*. Abilene: ACU Press, 2009.
Walker, Williston. 『기독교회사』. 송인설 역. 서울: 크리스챤다이제스트, 1993.
Webb, Henry E. *In Search of Christian Unity: A history of the Restoration movement*. Cincinnati: Standard Publishing, 1990.

Williams, Newell. 『바톤 스톤의 영성』. 손세훈 역. 서울: 그리스도대학교 출판국, 2008.
Wolffe, John. 『복음주의 확장』. 이재근 역. 서울: CLC, 2010.
Yeakley Jr, Flavil R. *Why They Left: Listening to Those Who Have Left Churches of Christ.* Nashville: Gospel Advocate, 2012.
김경중. "존 T. 채이스의 한국 선교: 한국기독교선교회를 중심으로." (서울기독대학교 대학원 석사논문, 2011)
김세복. 『한국 그리스도의교회 교회사(1930-1968)』. 서울: 참빛사, 1969.
김익진. 『신약교회 운동사』. 서울: 참빛출판사, 1986.
김익진. 『한국 그리스도의교회 환원운동사』. 서울: 임마누엘서적, 1987.
김익진. 『한국그리스도의교회사』. 서울: 그리스도대학교 출판부, 2011.
류대영. 『미국종교사』. 서울: 청년사, 2008.
박영란. "그리스도의 교회에서의 여성의 역할."「한국기독교신학논총」96(2015), 153-189.
백종구. "윌리엄 D. 커닝햄과 한국인 선교."「한국기독교신학논총」 Vol. 83(2012), 123-147.
서춘웅. 『미국 교회에는 어떤 교단이 있는가?』. 용인: 킹덤북스, 2021.
송훈. "미국 환원운동의 분열원인 연구: 환원운동의 미국주의적 한계를 중심으로." (연세대학교 석사논문, 2004)
양낙홍. "부흥이란 무엇인가?"「기독교사상」제56호(2013. 8), 18-27.
윤영휘. 『서양 근대교회사: 혁명의 시대와 그리스도교』. 서울: 홍성사, 2018.
윤재진. "우리가 환원해야 할 초대교회의 모습."「참빛」제394호 (2022년 11·12월호), 108-109.
이신. 『슐리얼리즘과 영의 신학』. 이은선·이경 엮음. 서울: 동연, 2011.
이재근. 『20세기, 세계, 기독교』. 서울: 복있는사람, 2022.
이재근. 『세계 복음주의 지형도』. 서울: 복있는사람, 2015.

이종민. "말씀세움 교회 이야기."「참빛」제394호(2022년 11·12월호), 74.
전인수. "21세기에 개척된 그리스도의교회 이야기."「참빛」제394호(2022년 11·12월호), 55-58.
전인수. "강명석과 한국 그리스도의교회."「한국기독교와 역사」51(2019), 237-266.
전인수. "그리스도의교회 미래와 전망."「참빛」제382호(2020년 11·12월호), 47-55.
전인수. "한국에서의 동석기의 선교사역과 그 특징."「복음과 교회」제18집(2012), 238-258.
전인수. "환원운동과 그리스도의교회."「케이씨대학교 교수논문집」(2018. 11), 120-152.
정남수 한국어판 총괄편집자.『그리스도의교회들 운동 대사전』. 서울: 대한기독교서회, 2015.
정재영.『한국교회의 미래 10년』. 개정판; SFC, 2019.
조동호.『우리가 이 보배를 질그릇에 가졌으니』. 대전: 서진출판사, 1994.
최웅·김봉중.『미국의 역사』. 개정판; 조합공동체 소나무, 1997.
함동수. "캠벨, 월리스, 브루어의 교회일치관 비교연구."「복음과 교회」제13집(2010), 38-69.
환원역사연구소 편.『강명석 선집』. 서울: 환원역사연구소, 2010.
편집실. "울산 그리스도의교회."「참빛」(1973년 12월), 23-25.